大学生心理健康素质训练

DAXUESHENG XINLI JIANKANG SUZHI XUNLIAN

主　编　杨益昌
副主编　殷友莲　谢　芹

内容提要

本书结合新时代大学生心理需求特点,共设计出自我探索训练、适应心理训练、人际心理训练、网络心理训练、学习心理训练、意志心理训练、自信训练、情绪心理训练、危机心理调适训练9个教学模块。每个模块包含了知识学习、案例分析、心理测试、心理训练4个任务,每个任务又贯穿任务要求、任务实施、任务作业、任务拓展的任务主线,着眼于"知识传授、心理体验与行为训练"三位一体。本书坚持用通俗易懂的语言,贴合实际的知识与方法,辅助学生发现、解决心理问题,优化学生的心理品质,健全学生的人格,提升新时代大学生的综合素养和竞争力。

本书可供各类高等学校师生使用,也可供高校辅导员、学业导师、社会工作者、心理工作者和对心理学感兴趣的广大青年朋友阅读参考。

图书在版编目(CIP)数据

大学生心理健康素质训练 / 杨益昌主编;殷友莲,谢芹副主编. — 武汉:中国地质大学出版社,2025.4. — ISBN 978-7-5625-6177-4

Ⅰ. G444

中国国家版本馆 CIP 数据核字第 20255M6L22 号

大学生心理健康素质训练

	杨益昌	主　编
	殷友莲　谢芹	副主编

责任编辑:彭　琳	选题策划:张　琰　张旻玥	责任校对:张咏梅

出版发行:中国地质大学出版社(武汉市洪山区鲁磨路388号)　　邮编:430074
电　　话:(027)67883511　　传　　真:(027)67883580　　E-mail:cbb@cug.edu.cn
经　　销:全国新华书店　　　　　　　　　　　　　　　　　　http://cugp.cug.edu.cn

开本:787 毫米×1092 毫米　1/16　　　　字数:308 千字　　　印张:12
版次:2025 年 4 月第 1 版　　　　　　　　印次:2025 年 4 月第 1 次印刷
印刷:武汉中远印务有限公司

ISBN 978-7-5625-6177-4　　　　　　　　　　　　　　　　　　定价:35.00 元

如有印装质量问题请与印刷厂联系调换

前　言

心理健康是影响经济社会发展的重大公共卫生问题和社会问题。当前,我国正处于经济社会快速转型期,随着人们生活节奏加快,竞争压力加剧,个体心理行为问题及其引发的社会问题日益凸显。Z世代[①]的大学生是一个特殊的社会群体,肩负着中华民族伟大复兴的重任,其心理健康问题不容忽视。当前,社会多元化、环境的不确定性、科技的迅猛发展与信息的爆炸式增长,为大学生带来无限发展机遇,同时也使他们面临着前所未有的心理挑战。抑郁、焦虑、躯体化症状、睡眠障碍、自我伤害成为常见问题,心理健康问题呈日益复杂多元化趋势。助力大学生在这复杂多变的环境中保持良好心态、实现全面发展,已然成为教育领域亟待攻克的核心课题。

党和国家高度重视大学生的心理健康教育,2011年,教育部在《普通高等学校学生心理健康教育课程教学基本要求》中明确要求各高校把大学生心理健康教育课程建设为"知识传授、心理体验与行为训练"三合一的公共课程,并指出课程的教学目标是"使学生明确心理健康的标准及意义,增强自我心理保健意识和心理危机预防意识,掌握并应用心理健康知识,培养自我认知能力、人际沟通能力、自我调节能力,切实提高心理素质,促进学生全面发展"。2016年,国家卫生计生委、中宣部、中央社会治安综合治理委员会办公室等22个部门联合印发的《关于加强心理健康服务的指导意见》中提到,"高等院校要积极开设心理健康教育课程"。2018年,中共教育部党组印发《高等学校学生心理健康教育指导纲要》,要求"健全心理健康教育课程体系,结合实际,把心理健康教育课程纳入学校整体教学计划,规范课程设置,对新生开设心理健康教育公共必修课"。2021年,教育部办公厅印发的《关于加强学生心理健康管理工作的通知》中又提到,"加强心理健康课程建设。发挥课堂教学主渠道作用,帮助学生掌握心理健康知识和技能,树立自助互助求助意识,学会理性面对挫折和困难。高校要面向本专科生开设心理健康公共必修课,原则上应设置2个学分(32—36学时),有条件的高校可开设更具针对性的心理健康选修课"。2023年,教育部等17个部门联合印发的《全面加强和改进新时代学生心理健康工作专项行动计划(2023—2025年)》指出:"发挥课堂教学作用。结合大中小学生发展需要,分层分类开展心理健康教学,关注学生个体差异,帮助学生掌握心理健康知识和技能,树立自助、求助意识,学会理性面对困难和挫折,增强心理健康素质。"党和国家关于心理健康工作的政策为大学生心理健康教育工作指明了方向,明确了大学生心理健康教育课程在促进大学生心理健康教育方面的重要性。教材是心理健康教育课程建设的重要载体,是实施心理健康教育课程建设的重要组成部分。

---

① Z世代一般指受到互联网、即时通信、MP3、智能手机和平板电脑等科技产物影响较大,擅长使用科技设备的一代人。

在时代背景与政策指引下,《大学生心理健康素质训练》教材应运而生,旨在为大学生心理健康筑牢坚实防线,全方位守护大学生的心理健康。它大胆突破传统教材的编写桎梏,匠心独运地构建起一套丰富多元且极具实用价值的内容体系。教材的每个模块精心布局了知识学习、案例分析、心理测试、心理训练4项紧密关联的任务。

在知识学习任务环节,笔者有选择地讲授心理健康领域专业知识,帮助学生对各类心理现象和问题形成清晰认知。案例分析任务则以鲜活的实际案例为依托,引导学生运用所学知识深入剖析与对照,培养其内省、分析问题、解决实际问题的思维能力。心理测试任务为学生提供了自我探索的有效工具,让他们能够直观洞察自身心理特质与状态。心理训练任务则通过形式多样的实践活动,助力学生形成心理调适能力,强化心理行为辅导效果,最重要的是通过心理训练能促进学生解决心理困惑,让其心理素质产生自动的积极正向变化。本教材的内容体现了在做中学、在做中悟的理念,顺应了当代青年大学生的学习心理需求。

特别值得一提的是,本书中的每个任务均严格遵循任务要求、任务实施、任务作业、任务拓展的任务主线。任务要求明确了学生完成各项任务须达成的目标与标准,让学习有的放矢;任务实施引导学生较好完成具体的学习与训练任务,为学生的学习实践提供清晰指引;任务作业有效检验学生的学习成果,促使学生巩固所学知识与技能;任务拓展积极鼓励学生突破教材局限,将知识技能延伸至更为广阔的社会生活领域,全方位提升学生的综合素养,充分彰显党和国家政策对大学生全面发展的殷切期望。

本书精心设计的架构聚焦于"知识传授、心理体验与行为训练"三位一体,通过知识传授,为学生奠定坚实的心理健康知识基础;借助心理体验,让学生在亲身体验中深化对心理健康的理解,形成较强的内省力;依靠行为训练,切实提升学生的心理调适与应对能力,全方位助力学生在心理健康的道路上稳步前行。

通过往届学生试用发现,本书能很好地调动学生的积极性和学习兴趣,课堂教学效果提升显著,心理健康教育功效明显,受到学生广泛赞许。

衷心期望本书能成为大学生健康成长道路上的良师益友,助力他们在知识的海洋中汲取养分,在心理体验中感悟人生,在行为训练中锤炼自我,顺利度过美好的大学时光,以积极健康的心态迎接未来挑战,最终实现人生的辉煌价值,成长为符合中国特色社会主义新时代需求的栋梁之材。

笔者在编写过程中,广泛深入地查阅文献资料,开展实地调研,充分听取了同行专家和学生的意见和建议,为本书的出版打下坚实的基础。尽管尽心尽力,但由于水平所限,不足之处在所难免,恳请广大读者指正!

编 者

2025 年 3 月

目　录

模块一　自我探索训练：自我探索 ………………………………………………… (1)
　任务一　知识学习 ……………………………………………………………… (4)
　任务二　案例分析 ……………………………………………………………… (5)
　任务三　心理测试 ……………………………………………………………… (10)
　任务四　心理训练 ……………………………………………………………… (17)

模块二　适应心理训练：主动适应大学生活 ………………………………………… (19)
　任务一　知识学习 ……………………………………………………………… (22)
　任务二　案例分析 ……………………………………………………………… (25)
　任务三　心理测试 ……………………………………………………………… (29)
　任务四　心理训练 ……………………………………………………………… (35)

模块三　人际心理训练：人际网 ……………………………………………………… (39)
　任务一　知识学习 ……………………………………………………………… (42)
　任务二　案例分析 ……………………………………………………………… (48)
　任务三　心理测试 ……………………………………………………………… (51)
　任务四　心理训练 ……………………………………………………………… (59)

模块四　网络心理训练：网络之钩 …………………………………………………… (65)
　任务一　知识学习 ……………………………………………………………… (68)
　任务二　案例分析 ……………………………………………………………… (73)
　任务三　心理测试 ……………………………………………………………… (75)
　任务四　心理训练 ……………………………………………………………… (79)

模块五　学习心理训练：努力学习的原因 …………………………………………… (83)
　任务一　知识学习 ……………………………………………………………… (86)
　任务二　案例分析 ……………………………………………………………… (91)
　任务三　心理测试 ……………………………………………………………… (94)
　任务四　心理训练 ……………………………………………………………… (112)

模块六　意志心理训练：挫折与成功之路 …………………………………………… (115)
　任务一　知识学习 ……………………………………………………………… (118)
　任务二　案例分析 ……………………………………………………………… (122)
　任务三　心理测试 ……………………………………………………………… (125)
　任务四　心理训练 ……………………………………………………………… (128)

模块七 自信训练：自卑—自大—自信 ………………………………………………………（131）
   任务一 知识学习 ……………………………………………………………………（134）
   任务二 案例分析 ……………………………………………………………………（137）
   任务三 心理测试 ……………………………………………………………………（141）
   任务四 心理训练 ……………………………………………………………………（145）

模块八 情绪心理训练：掌控情绪气球 ……………………………………………………（147）
   任务一 知识学习 ……………………………………………………………………（150）
   任务二 案例分析 ……………………………………………………………………（157）
   任务三 心理测试 ……………………………………………………………………（162）
   任务四 心理训练 ……………………………………………………………………（168）

模块九 危机心理调适训练：危机与绽放 …………………………………………………（173）
   任务一 知识学习 ……………………………………………………………………（176）
   任务二 案例分析 ……………………………………………………………………（177）
   任务三 心理测试 ……………………………………………………………………（179）
   任务四 心理训练 ……………………………………………………………………（182）

参考文献 ………………………………………………………………………………………（184）

模块一
自我探索训练：自我探索

知识目标

1. 在测试部分,掌握气质类型测试、艾森克人格问卷测试的方法及其关于得分情况的解释。
2. 了解心理训练的目的,掌握心理训练的步骤及其他要领。
3. 学习自我意识的相关概念及其3个心理成分,理解自我意识的多面性和多层次性,加深对自己及他人的心理现象和规律的认识与理解。

能力目标

1. 会根据案例进行对比和反思。
2. 会熟练运用心理测试量表并根据测试结果进行解释。
3. 对自我和他人进行觉察、分析,根据提示进行心理训练,逐步提高自我探索能力。

思政目标

了解自我,完善自我,准确定位自我,修正人生方向,将个人价值与社会价值的实现进行有效统一,更好地融入伟大梦想的实现中。

模块学时

1~2学时

模块导览

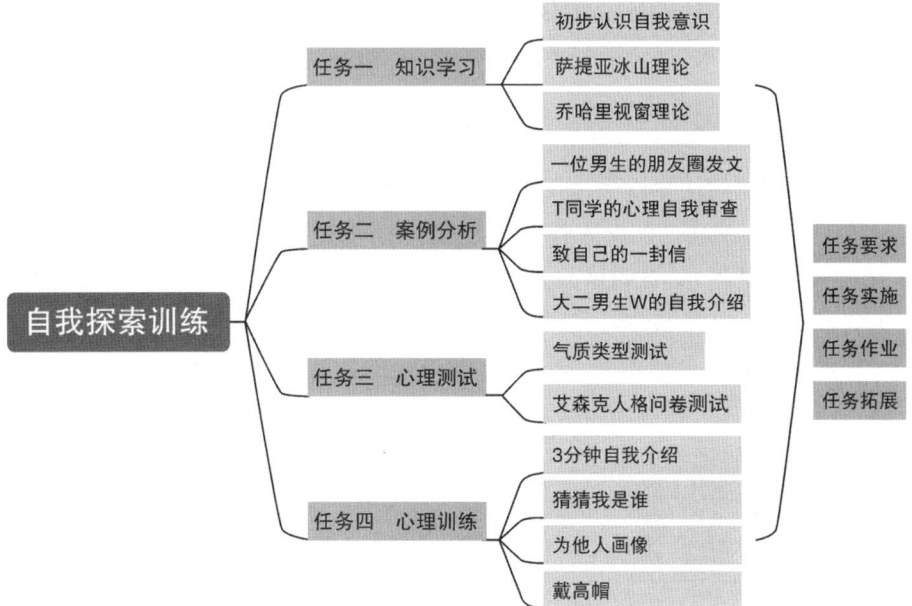

> **启智润心**
>
> 知己知彼,百战不殆。
>
> ——孙武
>
> 人贵有自知之明。
>
> ——老子
>
> 人生最大的智慧,就是认识你自己。
>
> ——苏格拉底

任务一　知识学习

【任务要求】

学习有关自我的知识,从知识角度了解自我,并不断丰富有关自我认知的知识,加深自我认知。

【任务实施】

1. 初步认识自我意识的内涵。
2. 学习萨提亚冰山理论和乔哈里视窗理论。

知识点 1　初步认识自我意识

自我意识是对自己身心活动的觉察,即自己对自己的认识,具体包括认识自己的生理状况、心理特征以及自己与他人、环境的关系。

自我意识由自我认知、自我体验和自我调节或自我控制 3 个子系统构成,自我意识也叫自我调节系统。

自我认知是自我意识的认知成分,即"知",对自我身心状态和特点的了解,如了解自己的相貌和性格特点、兴趣爱好等。自我体验是自我意识的情感成分,即"情",如喜悦、厌倦、害羞、自尊、自信、自卑、自负等,是自我体验的具体内容。情绪体验既可以体验喜怒哀惧,还可以体验羡慕嫉妒恨,或者体验理智感、美感、道德感等高级情感。自我调节是自我意识的意志成分,即"意",表现为个人对自己情绪、态度、意志力等的调控,包括自我审查、自我监控等。例如,大学生认识到自己是个网络成瘾者,通过心理咨询,制订了网络使用计划表,并设置闹钟,在使用网络一定时间后进行提醒,及时停止使用网络,这就是自我调节和控制的过程。

知识点 2　萨提亚冰山理论

弗洛伊德和萨提亚均对人的自我意识提出了著名的冰山理论,前者从意识角度分析"我"的人格结构,而萨提亚提出的"冰山理论"认为,个体的"自我"就像一座冰山一样,我们能看到的只是表面很少的一部分——行为,约占冰山的1/8,而约7/8的内在世界却藏在更深层次,不为人所见,恰如浮在海面的冰山。每个人都有自己的冰山,认识到自己的冰山,你的人生就会改变!个体的特质大部分隐藏于"海面下的冰山"中,那里似乎有潜在的、内隐的、不被觉察的"另一个自己",既是暗涌在水面之下更大的山体,又是长期压抑并被我们忽略的"内在"。揭开冰山的秘密,我们会看到生命中的渴望、期待、观点和感受,看到真正的自我。这样看来,萨提亚冰山理论与精神分析对"我"的探析有相似之处。

知识点3 乔哈里视窗理论

著名心理学家乔哈里提出了乔哈里视窗理论。乔哈里将人的认知划分为4个区域:我知,他人知,是公开区域;我知,他人不知,是隐私区域;我不知,他人知,是自我认知盲区;我不知,他人不知,是未知区域。这4个区域中,公开区域和隐私区域对个体自我认知来说较容易被发现,自我认知盲区和未知区域则很难被发现。如果这个本来应该被发现的未知区域一直未被发现,则会对人格发展造成严重影响,在个体身上就会表现为各种认知缺陷和障碍。

由于自我认知的局限性,自我会不断通过发展完善自我特性,加深挖掘本我,不断完善自我认识。人的自我认识是一个循序渐进而漫长的过程,也许有人走完一生也无法全面认识自己。人在一生中要不断探索自我未知部分,只有这样才能准确定位自我,找到自身长处和短处,合理确定目标,实现人生价值。值得大家注意的是,并不是所有的未知自我都需要我们去弄得一清二楚,也并非所有人需要这样做。积极心理学认为,调整好心态,留一些人生空白,反而幸福感会增加。总的来说,人对自我的认知不应走两个极端。

【任务作业】

上网查阅,"我"字还有哪些含义,并在小组内分享。

【任务拓展】

观看"缺一角"的木块画,请谈谈个人感受。

任务二 案例分析

【任务要求】

阅读案例,指出案例反映的问题和情况,将案例中的主人翁与自己对照,积极分析讨论,帮助自己与他人反思醒悟。

【任务实施】

对4个案例进行分析并从不同角度展开讨论。

案例1

一位男生的朋友圈发文

对于自己而言,每一个阶段都有类似的心理,那就是:胆怯、害怕、焦虑。但是无论怎样,自己的路自己一个人走,没有谁会终身陪伴自己,为自己解决问题。人生中的过客只不过匆匆地来又匆匆地走,给自己留下某些成长经历罢了!

所以,不要指望麻雀会飞得很高,高处的天空,那是鹰的领地,但是如果麻雀摆正了自己的位置,照样会过得很幸福。而今的我们就是那不起眼的麻雀,要在如此激烈的竞争中活出自我,就必须端正自己的心态,把活着的每一天看作生命的最后一天,奋力拼搏,踌躇满志。花朵因绽放而美丽,人生因拼搏而精彩,不是每一次努力都会有收获,但是,每一次收获都必须付出努力,这是一个不公平的不可逆转的命题,要想成功,就要不断地自我分析和进步。

成长要有目标,有了目标,深藏内心的力量才会找到用武之地。目标会给自己以勇气,在困苦艰难之际赋予我们坚韧不拔的毅力。生活没有彩排,每天都是现场直播,要知道如果你不改变,就会被淘汰;当你超越了自己,就会感到轻松自在。人生之路,不论前方有没有纯粹的坦途,当我们播下种子时,就需要认真灌溉;当我们启程时,就要准备好面对前方的荆棘与泥泞。无论前方有什么困难,莫悲叹"人生代代无穷已,江月年年望相似",君可闻"天生我材必有用,千金散尽还复来",君须信"大鹏一日同风起,扶摇直上九万里"!所以,无论处于哪一个成长阶段,我们都要有一个清醒的认知,不负韶华,勇往直前,打造出一片属于自己的空间。大千世界,天外有天,人外有人,面对逆境,唯有找准自己,放低姿态,从实际出发,勇于奋斗,创造奇迹,丰富自己的成长历程。

分析与讨论

人生需要怎样的心态?这位男生的朋友圈文章对你有什么启发?

案例 2

T同学的心理自我审查

转眼望去,大学生活已过半,而我还一直沉迷在那个"昨天",那个来大学上学的第一天。当上了心理学课之后,我才开始学会真正认识"昨天"。安静不仅仅是不言不语,而更在于控制自己内心的欲望。总是想做得最少而得到最多,尽管我知道这种思维方式是错误的,但还是一次又一次地沉迷于自我世界里。当老师在教授一些让我能够静下心来的方法时,我才真正地意识到荒废时间是多么可耻的一件事。长久地沉迷在自己的世界里,我甚至忘记了怎样好好地与同学交流。

在刚刚上大学时我认为:读大学就是去享受的,不需要太多的努力,混一混总是会过的。这种想法产生的原因其实就是自己的心"乱"了,并且慢慢地忘记了与同学交流。当有一些课程需要小组完成的时候,我总是不想加入,并且总是觉得自己很"行",但一次又一次地碰壁后,我才知道自己是多么的愚蠢。尽管这样,我还是为自己的愚蠢找理由。在学习"大学生心理健康素质训练"课程中,我才真正学会正确地审视自己,并用一些正确的方法去克服困难。比如,当我不想去做某一件事的时候,就会用"凝神法"提示自己,使自己的内心得到真正的安静,最后认真审视自己,不断地提醒自己一定要去完成它、克服它,不能气馁。

当与同学交流争辩的时候,以前的我总是想着去逃避,用游戏或者其他方式来麻醉自己,但现在不一样了,我得走出去认识更多的朋友,因为我需要他们,我希望在遇到困难的时候,有人对我伸出援手、帮助我。世界上有很多的难事,如果连与同学和睦相处的本领都学不会,那么我根本不配拥有自己心中那个最幸福的世界。所以,现在当与同学有争论时,我开始学会用老师教授的方法让自己冷静下来,最后在心中审视自己,如问自己到底是哪里错了,合理认识自己,最后与同学解释清楚,达成和解。这是曾经的我觉得不可能完成的事。我不喜欢道歉,但现在我得改变!因为,我要做得更好,要学会接纳他人,而不是排斥他人,只活在自己的"圈"里。

我的内心总是住着一个天使和一个魔鬼。我总是在放纵魔鬼,扰乱我的内心。一开始上"大学生心理健康素质训练"课程的时候,我总觉得没必要,但是随着慢慢地深入学习课程,我也开始融入课堂中。从一开始的排斥到后来的接受,从一开始的无所谓到觉得非常重要和必要,这真是一个奇妙的变化。当开始讨厌自己的时候,我逐渐感觉到了自己需要改变。我照着老师的描述去进行"心灵重建",一开始觉得特别难,但是经过几堂课的学习之后,我学会了控制自己,学会了自律,这种感觉真的是说不出来的美妙,感觉就像脱胎换骨一样!平时自己做什么都会觉得特别累,但经过心理疏导后,似乎一切都变得美好了。

一个学期下来,我对自己有了新的认识。我知道我不能总是带有优越感,这样其实是自欺欺人罢了。其实大学生都承受着巨大的压力与挑战,不管是在学校还是社会生活上,都很容易受到挫折,随之而来的是一系列的心理问题。真希望自己能再多掌握一点心理调适技能!

学会多种心理调适技能,对我今后的生活将大有裨益。我最喜欢的方法是"凝神法",这是最简单、最有效果的方法。我觉得,没有比这更有效的方法了。

说了那么多,回到原点,最初的问题还是自己要学会正确认识自己,自己解决自己的问题,不能白白地读这个大学,不能辜负家人、辜负自己。加油!未来的我,既要仰望星空,也要脚踏实地。

分析与讨论

T同学主要的心理问题是什么?他如何自我审查?审查后有何新变化?

案例 3

致自己的一封信

小Z:

你好!

这封信写给过去的、现在的和未来的你。

过去的自己:总是那么幼稚,不成熟。在遇到事情时,自己所做的决定总是那么的自私,从不考虑事情的后果和别人的感受,只考虑自己的好。在做错事情的时候,首先考虑的并不是冷静下来去解决,而是在心里面出现一种逃避的想法。在面对事情的时候,总是三分钟热度,一开始并没有考虑要如何去做这件事,没有好好地思考和计划,事后时常会感到后悔。这种情况时有发生,自己也不知道如何解决。在与人交流的时候总是不能隐藏自己的情绪,而是把自己的所有想法都与别人分享,控制不住自己。总是把自己的喜好告诉别人,没有认真倾听别人的诉说。在面对陌生的环境时总是害怕,不敢与别人交流,不敢突破自己。每次生气和烦恼的时候,就会控制不住情绪,以破坏东西来发泄情绪。而当别人来关心时,我又不想和他们分享。以上种种也许都是自己不成熟、不负责任的表现。在过去,有那么一段时间里,自己的压力是那么大,有时候甚至想要放弃,但想到心中的那份理想和信念,又告诉自己不能放弃,还有某些人值得珍惜,某些事值得继续努力和坚持下去。

现在的自己:面对以前的自己时,一直在努力和改变,努力地让自己去改变,让自己变得更好,让现在的自己不再讨厌自己,也让现在的自己能够对未来的自己充满希望。好好地做好现在的一切,让自己忙碌起来并让自己的生活充实,不再去想那些过往的事情。向前看,因为生活还要继续。

未来的自己:在未来,希望自己能够实现现在期望的目标,做自己想做的事情,不再留有遗憾,不再后悔。不再像现在的自己,只有想法,而不能去实现。

我的希望:曾经的遗憾不再困扰如今的我,学会与过去的自己和解,勇于面对任何人和事。把以前的遗憾化作未来奋斗的动力,努力向远方走去。在未来的道路中,不放弃,即使遇到再大的困难,为了自己,坚持下去。在未来的时间里,我会选择与别人分享自己的快乐、倾诉自己的烦恼,使自己尽快地从失落之中走出来。慢慢地改变自己,不会一生气就乱发脾气、乱摔东西,每次都会去克制自己,最终成为那个自己喜欢的自己。

想对自己说:勇于面对心里面的自己,正视自己,悦纳自己,不逃避。在遇到问题时,寻求别人的帮助,进行正确的心理疏导。通过自己的努力与奋斗,做自己想做的事。尽量主动做事和承担责任,不再选择逃避,慢慢地变好。

祝自己学有所成,所求皆所愿。

此致!

你的影子:Z1

分析与讨论

案例中的小Z过去是什么样的人?存在哪些心理困惑?从她的心路历程看,她是否悦纳了自己?她又进行了哪些改变?

案例 4

大二男生 W 的自我介绍

我从小学到此刻,和大多数的学生一样,都是在父母的要求下考重点大学。我那时的想法就是按照父母的期望生活,好好考大学就等于将来有好的工作。于是,我就按父母期望,一步一步地走下来,这期间我没有自己的想法,对人与事的态度也都是人云亦云。到了大学,离开了父母,我才感觉到我进入了低潮期。这时的我不明白该怎样和人交流。我接触到的人来自天南海北,生活方式也各不相同。我也不明白该怎样去处理生活方面的事,仿佛一切都很难,一切都要我亲自去想、去做。我很迷茫,也想了很多。以前的我,无忧无虑,只要好好学习,其他一切由父母安排。此刻不同了,一切都得我自己拿主意了,对于我来说,一时有些不习惯。刚开始,我还和同寝室的同学产生过不愉快的小摩擦。那时的我觉得和这里的生活格格不入,总想回家,每一天都过得很压抑。

现在的我,经历了很多,想了很多,也改变了很多,心绪不再那么烦闷。通过思考未来,我觉得大学生活很锻炼人,大学时期是塑造一个人的黄金时期。这时候的心理是最容易受影响而发生变化的,而且这种变化的持续时间会很长。当将这一切逐步弄明白后,我才觉得真正的大学生活刚开始呢!每个人的生活都会经历高潮和低谷,无论来时路是怎样的,未来的理想和目标才是我该认真思考和为之奋斗的。

1. 兴趣爱好对我的影响

我喜欢打球、听音乐,没有原因,从小就喜欢。我喜欢做饭,喜欢研究各种各样的菜品,甚至梦想过以后有机会出国学做各国的特色美食。我喜欢看家人朋友吃我做的菜时露出的开心享受的表情,正因如此,我十分恋家。专业兴趣上,我其实比较喜欢会计类专业。我做过一次人格分析和职业分析,鉴于测评结果,我的优势职业类型为企业型、理财型。我认为这很贴合我的专业兴趣。因为,我是一个精力充沛、自信、善于交际、热情洋溢、勇于冒险、为人务实、做事有较强目标感的人。我特别喜欢小说《假如给我三天光明》中的主角海伦·凯勒。我觉得他的做事风格和对生活的耐受力都是我要学习的,并且对自我认知的影响十分大。

2. 性格对我的影响

我热情开朗,很容易与他人建立合作关系,适应性强、个性强。我喜欢和别人一起工作,乐于参加或组织各种社团活动。我不会斤斤计较,对于别人的批评也能欣然接受。在人群中我倾向于承担职责和担任领导,思维敏捷,头脑灵活,情绪比较稳定,对于生活中的变化和各种问题,一般都能沉着地应对,但遇到重大挫折时或在紧急状况下也可能会有一些情绪波动。我能较好地协调自我与他人的矛盾,一方面,对事物有独立的思考能力,不会人云亦云;另一方面,也听得进别人的意见而不会固执己见。我时而活泼时而任性,对生活充满热情,对人对事十分热心,在人群中比较受欢迎。有时也可能过分冲动,自我约束力比较差。我有明确的人生目标和理想,虽然不是十分远大,但会持续地去追求实现。我时常表现得客观理智,注重现实,独立坚强,遇事果断、自信,能坚持完成计划要做的事情,少数状况下,在遇到重大挑战或紧急状况时,也可能表现得没那么淡定。

3. 我的潜力与品质

我的人际交往潜力很强,而且自我约束力比较强,实事求是,有上进心,不甘落后。我尊重他人,做事有原则,对待事情有比较客观的判断,不会人云亦云。

4. 自身的优势和不足

(1)自身的优势。有出色的观察力和对细节的关注潜力。务实、实事求是,善于处理具体和明确的事情,善于逻辑思考和理论应用。做事有很强的原则性,尊重约定。学习时严谨而有条理,愿意承担职责,能做出较客观的决定,具有敏锐的洞察力。

(2)自身的不足和需要改善的方面。压力很大时,会过度紧张,甚至产生消极情绪;思考现实的东西太多,往往把简单的事情思考得过于复杂;对自我认识不深,创造性不强;自负且任性;性格中有冲动性的一面,缺乏耐心。

5.奋斗目标

能完成学校里所有的学习任务,并正确认识自我,挖掘自身的领导潜力、专业学习潜力,最后实现学业目标,成为一名专业人才。

通过自我介绍,我想每个人都能再次认识自我。我认为经常自我分析是十分必要的,只有不断完善自我,才能塑造人格魅力。以后我会虚心听取旁人的意见和建议,全方位认识自己,完善自己,努力并坚持使自己的品德与言行趋于完美!

我就是这样的人,谢谢大家关心,以后多关照!

分析与讨论

该男生通过自我分析,认为自己的优缺点是什么?他之前遇到了什么问题?你认为产生这些问题的原因是什么?该男生对自己的分析有哪些值得我们学习的地方?

【任务作业】

查阅文献资料,了解弗洛伊德是如何阐述"我"的,将查阅结果进行梳理后与大家分享。

【任务拓展】

撰写一篇自中学以来的成长报告,要围绕成长过程中自我认知方面的变化,阐述自己经历了哪些人和事,存在哪些问题,自己是如何一路走过来的。

任务三 心理测试

【任务要求】

认真阅读测试要求,根据自己的第一感觉,实事求是地完成测试,并对测试计分解释了然于心,以平和的心态看待测试及其结果。

【任务实施】

完成气质类型测试和艾森克人格问卷。

测试1 气质类型测试

气质类型测试

指导语:本测试共60题,请在30分钟内完成。

请针对每个问题从"A很符合、B比较符合、C中间状态、D比较不符合、E完全不符合"5个选项中选择一个适合自己的,并在相应的英文字母后打"√"。

1.做事力求稳妥,一般不做无把握的事。　　　　　　　　　A□ B□ C□ D□ E□

2.遇到可气的事就怒不可遏,想把心里话全说出来才痛快。　A□ B□ C□ D□ E□

3.宁可一个人干事,不愿很多人在一起。　　　　　　　　　A□ B□ C□ D□ E□

4.到一个新环境很快就能适应。　　　　　　　　　　　　　A□ B□ C□ D□ E□

5. 厌恶那些强烈的刺激,如尖叫、噪声、危险镜头等。　　　A□ B□ C□ D□ E□
6. 和人争吵时,总是先发制人,喜欢挑剔别人。　　　　　A□ B□ C□ D□ E□
7. 喜欢安静的环境。　　　　　　　　　　　　　　　　A□ B□ C□ D□ E□
8. 善于和人交往。　　　　　　　　　　　　　　　　　A□ B□ C□ D□ E□
9. 羡慕那种善于克制自己感情的人。　　　　　　　　　A□ B□ C□ D□ E□
10. 生活有规律,很少违反作息制度。　　　　　　　　　A□ B□ C□ D□ E□
11. 在多数情况下情绪是乐观的。　　　　　　　　　　　A□ B□ C□ D□ E□
12. 碰到陌生人觉得很拘束。　　　　　　　　　　　　　A□ B□ C□ D□ E□
13. 遇到令人气愤的事,能很好地自我克制。　　　　　　A□ B□ C□ D□ E□
14. 做事总是有旺盛的精力。　　　　　　　　　　　　　A□ B□ C□ D□ E□
15. 遇到问题总是举棋不定,优柔寡断。　　　　　　　　A□ B□ C□ D□ E□
16. 在人群中从不觉得过分约束。　　　　　　　　　　　A□ B□ C□ D□ E□
17. 在情绪高昂的时候,觉得干什么都有趣,情绪低落的时候,又觉得什么都没有意思。
　　　　　　　　　　　　　　　　　　　　　　　　　A□ B□ C□ D□ E□
18. 当注意力集中于一事物时,别的事很难使我分心。　　A□ B□ C□ D□ E□
19. 理解问题总比别人快。　　　　　　　　　　　　　　A□ B□ C□ D□ E□
20. 碰到危险情境,常有一种极度恐惧感。　　　　　　　A□ B□ C□ D□ E□
21. 对学习、工作,怀有很高的热情。　　　　　　　　　A□ B□ C□ D□ E□
22. 能够长时间做枯燥、单调的工作。　　　　　　　　　A□ B□ C□ D□ E□
23. 符合自己兴趣的事情,干起来劲头十足,否则就不想干。A□ B□ C□ D□ E□
24. 一点小事就能引起情绪波动。　　　　　　　　　　　A□ B□ C□ D□ E□
25. 讨厌做那种需要耐心、细致的工作。　　　　　　　　A□ B□ C□ D□ E□
26. 与人交往不卑不亢。　　　　　　　　　　　　　　　A□ B□ C□ D□ E□
27. 喜欢参加热烈的活动。　　　　　　　　　　　　　　A□ B□ C□ D□ E□
28. 爱看感情细腻,描写人物内心活动的文学作品。　　　A□ B□ C□ D□ E□
29. 工作学习时间长了,常感到厌倦。　　　　　　　　　A□ B□ C□ D□ E□
30. 不喜欢长时间谈论一个问题,愿意实际动手干。　　　A□ B□ C□ D□ E□
31. 宁愿侃侃而谈,不愿窃窃私语。　　　　　　　　　　A□ B□ C□ D□ E□
32. 别人总是说我闷闷不乐。　　　　　　　　　　　　　A□ B□ C□ D□ E□
33. 理解问题常比别人慢些。　　　　　　　　　　　　　A□ B□ C□ D□ E□
34. 疲倦时只要短暂地休息就能精神抖擞,投入工作。　　A□ B□ C□ D□ E□
35. 心里有话宁愿自己想,不愿说出来。　　　　　　　　A□ B□ C□ D□ E□
36. 认准一个目标就希望尽快实现,不达目的,誓不罢休。A□ B□ C□ D□ E□
37. 学习、工作同样一段时间后,常比别人更疲倦。　　　A□ B□ C□ D□ E□
38. 做事有些莽撞,常常不考虑后果。　　　　　　　　　A□ B□ C□ D□ E□
39. 老师或他人讲授新知识、技术时,总希望他讲得慢些,多重复几遍。
　　　　　　　　　　　　　　　　　　　　　　　　　A□ B□ C□ D□ E□

40. 能够很快地忘记不愉快的事情。　　　　　　　　A□ B□ C□ D□ E□
41. 做作业或完成一件工作总比别人花时间多。　　　A□ B□ C□ D□ E□
42. 喜欢运动量大的剧烈体育运动,或者参加各种文艺活动。　A□ B□ C□ D□ E□
43. 不能很快地把注意力从一件事转移到另一件事上。　A□ B□ C□ D□ E□
44. 接受一个任务后,就希望把它迅速完成。　　　　　A□ B□ C□ D□ E□
45. 认为墨守成规比冒风险强些。　　　　　　　　　A□ B□ C□ D□ E□
46. 能够同时注意几件事物。　　　　　　　　　　　A□ B□ C□ D□ E□
47. 当我烦闷的时候,别人很难使我高兴起来。　　　　A□ B□ C□ D□ E□
48. 爱看情节起伏、激动人心的小说。　　　　　　　A□ B□ C□ D□ E□
49. 对工作抱认真严谨、始终一贯的态度。　　　　　A□ B□ C□ D□ E□
50. 和周围的人总是相处不好。　　　　　　　　　　A□ B□ C□ D□ E□
51. 喜欢复习学过的知识,重复做能熟练做的工作。　　A□ B□ C□ D□ E□
52. 希望做变化大、花样多的工作。　　　　　　　　A□ B□ C□ D□ E□
53. 小时候会背的诗歌,我似乎比别人记得清楚。　　　A□ B□ C□ D□ E□
54. 别人说我"语出伤人",可我并不这样觉得。　　　A□ B□ C□ D□ E□
55. 在体育活动中,常因反应慢而落后。　　　　　　　A□ B□ C□ D□ E□
56. 反应敏捷,头脑机智。　　　　　　　　　　　　A□ B□ C□ D□ E□
57. 喜欢有条理而不甚麻烦的工作。　　　　　　　　A□ B□ C□ D□ E□
58. 兴奋的事常使我失眠。　　　　　　　　　　　　A□ B□ C□ D□ E□
59. 老师讲新概念,常常听不懂,但是弄懂了以后很难忘记。　A□ B□ C□ D□ E□
60. 假如工作枯燥无味,马上就会情绪低落。　　　　　A□ B□ C□ D□ E□

【任务作业】

学习使用气质量表,了解自己的气质类型。

【计分方法】

本测试将人的气质类型划分为4种,对应题项如下。

胆汁质:2、6、9、14、17、21、27、31、36、38、42、48、50、54、58

多血质:4、8、11、16、19、23、25、29、34、40、44、46、52、56、60

黏液质:1、7、10、13、18、22、26、30、33、39、43、45、49、55、57

抑郁质:3、5、12、15、20、24、28、32、35、37、41、47、51、53、59

A:很符合2分;B:比较符合1分;C:中间状态0分;D:比较不符合-1分;E:完全不符合-2分。

【得分解释】

如果某气质类型得分明显高于其他3种,均高出4分以上,则可定为该气质类型。如果该气质类型得分超过20分,则为典型类型;如果该气质类型得分在10～20分之间,则为一般型。

2种气质类型得分接近,其分差低于3分,而且得分又明显高于其他2种,并高出4分以上,则可定为2种气质类型的混合型。

3种气质类型得分接近而且均高于第4种,则为3种气质类型的混合型。如多血－胆汁

—黏液质混合型或黏液—多血—抑郁质混合型。

调查表明,在现实生活中表现为纯粹单一气质类型的人不多见,多数人表现为2种或2种以上气质类型的混合。

【知识链接】

一般来说,气质就是秉性,在有些方面也叫脾气,具有先天遗传性。俗话说"江山易改,本性难移",体现了气质的稳定性。比较流行的分类法是遵循希波克拉底的体液理论(人的体内有4种液体,即黏液、黄胆汁、墨胆汁和血液)。该理论将人的气质分为4种,也即今天所认定的多血质、胆汁质、黏液质、抑郁质。

(1) 多血质相当于神经活动强而均衡的灵活型。这种气质的人热情,有能力,适应性强,喜欢交际,精神愉快,机智灵活,注意力易转移,情绪易改变,办事重兴趣,富于幻想,不愿做耐心细致的工作。

(a) 神经特点:感受性低,耐受性高;不随意反应性强;具有可塑性;情绪兴奋性高;反应速度快而灵活。

(b) 心理特点:活泼好动,善于交际;思维敏捷;容易接受新鲜事物;情绪情感容易产生,也容易变化和消失,容易外露;体验不深刻。

(2) 胆汁质相当于神经活动强而不均衡型。这种气质的人兴奋性很高,脾气暴躁,性情直率,精力旺盛,能以很高的热情埋头干事业。兴奋时,决心克服一切困难;精力耗尽时,情绪又一落千丈。

(a) 神经特点:感受性低,耐受性高;不随意反应性强;外倾性明显;情绪兴奋性高;控制力弱;反应快但不灵活。

(b) 心理特点:坦率热情;精力旺盛;容易冲动,脾气暴躁;思维敏捷,但准确性差;情感外露,但持续时间不长。

(3) 黏液质相当于神经活动强而均衡的安静型。这种气质的人平静,善于克制忍让,生活有规律,不为无关事情分心,埋头苦干,有耐久力,态度持重,不卑不亢,不爱空谈,严肃认真。但不够灵活,注意力不易转移,因循守旧,对事业缺乏热情。

(a) 神经特点:感受性低,耐受性高;不随意反应性弱;外部表现少;情绪具有稳定性;反应速度不快但灵活。

(b) 心理特点:稳重,考虑问题全面;安静,沉默,善于克制自己;善于忍耐,情绪不易外露;注意力稳定而不容易转移,外部动作少而缓慢。

(4) 抑郁质相当于神经活动弱型,兴奋和抑郁过程都弱。这种气质的人沉静,易相处,人缘好,办事稳妥可靠,做事坚定,能克服困难。但比较敏感,易受挫折,孤僻、寡断,疲劳不容易恢复,反应缓慢,不思进取。

(a) 神经特点:感受性高,耐受性低;随意反应性弱;情绪兴奋性高;反应速度慢,刻板固执。

(b) 心理特点:沉静,对问题感受和体验深刻、持久;情绪不容易表露;反应迟缓但是深刻;准确性高。

前苏联心理学家打了一个非常有趣的比方,胆汁质、多血质、黏液质、抑郁质4个气质类型的人去看电影,但是迟到了,4个人会出现如下不同的表现。胆汁质:不认为迟到就不可以进了,与检票员争执,强烈要求进去看电影;多血质:确定自己迟到后,不会强行进入,而是四处观察,想办法,最后可能绕到其他入口,顺利进入电影院,看了一场电影;黏液质:知道自己迟到后,很平静,会到附近的一个咖啡厅等候,等着看下一场电影;抑郁质:知道自己迟到后,很沮丧,转身回家。

测试 2　艾森克人格问卷测试

艾森克人格问卷[①](EPQ)(成人)

请回答下列问题。回答"是"时就在"是"上打"√",回答"否"时就在"否"上打"√"。每个答案无所谓正确与错误,这里没有对你不利的题目。请尽快回答,不要在每道题目上思索太多。回答时不要考虑应该怎样,只回答你平时是怎样的。下面开始作答。

1. 你是否有许多不同的业余爱好?　　　　　　　　　　　　　　　是□　否□
2. 你是否在做任何事情以前都要停下来仔细思考?　　　　　　　　是□　否□
3. 你的心境是否常有起伏?　　　　　　　　　　　　　　　　　　是□　否□
4. 你曾有过明知是别人的功劳而你去接受奖励的事吗?　　　　　　是□　否□
5. 你是否健谈?　　　　　　　　　　　　　　　　　　　　　　　是□　否□
6. 欠债会使你不安吗?　　　　　　　　　　　　　　　　　　　　是□　否□
7. 你曾无缘无故觉得"真是难受"吗?　　　　　　　　　　　　　　是□　否□
8. 你曾贪图过分外之物吗?　　　　　　　　　　　　　　　　　　是□　否□
9. 你是否在晚上小心翼翼地关好门窗?　　　　　　　　　　　　　是□　否□
10. 你是否比较活跃?　　　　　　　　　　　　　　　　　　　　　是□　否□
11. 你在见到一小孩或一动物受折磨时是否会感到非常难过?　　　　是□　否□
12. 你是否常常为自己不该做而做了的事、不该说而说了的话而紧张?是□　否□
13. 你喜欢跳降落伞吗?　　　　　　　　　　　　　　　　　　　　是□　否□
14. 通常你能在热闹的联欢会中尽情地玩吗?　　　　　　　　　　　是□　否□
15. 你容易激动吗?　　　　　　　　　　　　　　　　　　　　　　是□　否□
16. 你曾经将自己的过错推给别人吗?　　　　　　　　　　　　　　是□　否□
17. 你喜欢会见陌生人吗?　　　　　　　　　　　　　　　　　　　是□　否□
18. 你是否相信保险制度是一种好办法?　　　　　　　　　　　　　是□　否□
19. 你是一个容易伤感情的人吗?　　　　　　　　　　　　　　　　是□　否□
20. 你所有的习惯都是好的吗?　　　　　　　　　　　　　　　　　是□　否□
21. 在社交场合你是否总不愿露头角?　　　　　　　　　　　　　　是□　否□
22. 你会服用奇异或危险作用的药物吗?　　　　　　　　　　　　　是□　否□

---

① 艾森克人格问卷(Eysenck personality questionnaire,简称 EPQ)是英国伦敦大学心理系和精神病研究所艾森克教授编制的一种自陈量表。

23. 你常有"厌倦"之感吗? 是□ 否□
24. 你曾拿过别人的东西吗(哪怕一针一线)? 是□ 否□
25. 你是否常爱外出? 是□ 否□
26. 你是否从伤害你所宠爱的人中感到乐趣? 是□ 否□
27. 你常为有罪恶之感所苦恼吗? 是□ 否□
28. 你在谈论中是否有时不懂装懂? 是□ 否□
29. 你是否宁愿去看书而不愿去多见人? 是□ 否□
30. 你是否要伤害你的仇人? 是□ 否□
31. 你觉得自己是一个神经过敏的人吗? 是□ 否□
32. 对人有所失礼时你是否经常要表示歉意? 是□ 否□
33. 你有许多朋友吗? 是□ 否□
34. 你是否喜爱讲些有时伤害人的笑话? 是□ 否□
35. 你是一个多忧多虑的人吗? 是□ 否□
36. 你在童年是否按照吩咐要做什么便做什么,毫无怨言? 是□ 否□
37. 你认为你是一个乐天派吗? 是□ 否□
38. 你很讲究礼貌和整洁吗? 是□ 否□
39. 你是否总在担心会发生可怕的事情? 是□ 否□
40. 你曾损坏或遗失过别人的东西吗? 是□ 否□
41. 交新朋友时一般是你采取主动吗? 是□ 否□
42. 当别人向你诉苦时,你是否容易理解他们的苦衷? 是□ 否□
43. 你认为自己很紧张,如同"拉紧的弦"一样吗? 是□ 否□
44. 在没有废纸篓时,你是否将废纸扔在地板上? 是□ 否□
45. 当你与别人在一起时,你是否言语很少? 是□ 否□
46. 你是否认为结婚制度过时了,应该废止? 是□ 否□
47. 你是否有时感到自己可怜? 是□ 否□
48. 你是否有时有点自夸? 是□ 否□
49. 你是否很容易将一个沉寂的集会搞得活跃起来? 是□ 否□
50. 你是否讨厌那种小心翼翼地开车的人? 是□ 否□
51. 你为你的健康担忧吗? 是□ 否□
52. 你曾讲过什么人的坏话吗? 是□ 否□
53. 你是否喜欢对朋友讲笑话和有趣的故事? 是□ 否□
54. 你小时候曾对父母粗暴无礼吗? 是□ 否□
55. 你是否喜欢与人混在一起? 是□ 否□
56. 如果知道自己工作有错误,你会感到难过吗? 是□ 否□
57. 你患失眠症吗? 是□ 否□
58. 你吃饭前必定洗手吗? 是□ 否□
59. 你常无缘无故感到无精打采和倦怠吗? 是□ 否□

60. 和别人玩游戏时,你有过欺骗行为吗? 　　　　　　　　　　　　是☐　否☐
61. 你是否喜欢从事一些动作迅速的工作? 　　　　　　　　　　　是☐　否☐
62. 你的母亲是一位善良的妇人吗? 　　　　　　　　　　　　　　是☐　否☐
63. 你是否常常觉得人生非常无味? 　　　　　　　　　　　　　　是☐　否☐
64. 你曾利用过某人为自己取得好处吗? 　　　　　　　　　　　　是☐　否☐
65. 你是否常常参加许多活动,超过你的时间所允许? 　　　　　　是☐　否☐
66. 是否有几个人总在躲避你? 　　　　　　　　　　　　　　　　是☐　否☐
67. 你是否为你的容貌而非常烦恼? 　　　　　　　　　　　　　　是☐　否☐
68. 你是否觉得人们为了未来有保障而办理储蓄和保险所花的时间太多? 　是☐　否☐
69. 你曾有过不如死了为好的愿望吗? 　　　　　　　　　　　　　是☐　否☐
70. 如果有把握永远不会被别人发现,你会逃税吗? 　　　　　　　是☐　否☐
71. 你能使一个集会顺利进行吗? 　　　　　　　　　　　　　　　是☐　否☐
72. 你能克制自己不对人无礼吗? 　　　　　　　　　　　　　　　是☐　否☐
73. 遇到一次难堪的经历后,你是否在一段很长的时间内还感到难受? 　是☐　否☐
74. 你患有"神经过敏"吗? 　　　　　　　　　　　　　　　　　　是☐　否☐
75. 你曾经故意说些什么来伤害别人的感情吗? 　　　　　　　　　是☐　否☐
76. 你与别人的友谊是否容易破裂,虽然不是你的过错? 　　　　　是☐　否☐
77. 你常感到孤单吗? 　　　　　　　　　　　　　　　　　　　　是☐　否☐
78. 当人家寻你的差错,找你工作中的缺点时,你是否容易在精神上受挫伤? 是☐　否☐
79. 你赴约会或上班曾迟到过吗? 　　　　　　　　　　　　　　　是☐　否☐
80. 你喜欢忙忙碌碌地过日子吗? 　　　　　　　　　　　　　　　是☐　否☐
81. 你愿意别人怕你吗? 　　　　　　　　　　　　　　　　　　　是☐　否☐
82. 你是否觉得有时浑身是劲,而有时又是懒洋洋的? 　　　　　　是☐　否☐
83. 你有时把今天应做的事拖到明天去做吗? 　　　　　　　　　　是☐　否☐
84. 别人认为你是生气勃勃的吗? 　　　　　　　　　　　　　　　是☐　否☐
85. 别人是否对你说了许多谎话? 　　　　　　　　　　　　　　　是☐　否☐
86. 你是否容易对某些事物冒火? 　　　　　　　　　　　　　　　是☐　否☐
87. 当你犯了错误时,你是否常常愿意承认它? 　　　　　　　　　是☐　否☐
88. 你会为一动物落入圈套被捉拿而感到很难过吗? 　　　　　　　是☐　否☐

【任务作业】

学习使用 EPQ,了解自己的人格基本情况。

【测试简介】

英国心理学家艾森克(H. J. Eysenck)夫妇编制的艾森克人格问卷(EPQ)(成人),是国际上最具影响力的心理量表之一。该问卷从人格结构的内外向(E)、精神质[又称情绪性(P)]、神经质(又称倔强)、讲求实际(N)维度深层次分析个性特征和心理健康,适合 16 岁以上人群使用。

【计分方法】

EPQ总共有4个分量表(E分量表指内外向,N分量表指情绪稳定性,P分量表指精神质,L分量表指掩饰、虚假),共88道题,每道题的记分方法如下:(＋)为正向记分,即答"是"加1分,答"否"不加分;(－)为反向计分,即答"是"不加分,答"否"加1分。

E分量表(共21个项目):

(＋):1、5、10、13、14、17、25、33、37、41、49、53、55、61、65、71、80、84

(－):21、29、45

N分量表(共24个项目):

(＋):3、7、12、15、19、23、27、31、35、39、43、47、51、57、59、63、67、69、73、74、77、78、82、86

P分量表(共23个项目):

(＋):22、26、30、34、46、50、66、68、75、76、81、85

(－):2、6、9、11、18、38、42、56、62、72、88

L分量表(共20个项目):

(＋):20、32、36、58、87

(－):4、8、16、24、28、40、44、48、52、54、60、64、70、79、83

【得分解释】

E分量表:分数高于15分,表示性格外向,可能是喜好交际,渴望刺激和冒险,情感易于冲动;分数低于8分,表示性格内向,如好静,富于内省,不喜欢刺激,喜欢有秩序的生活方式,情绪比较稳定。

N分量表:分数高于14分,表示焦虑、忧心忡忡,常郁郁不乐,有强烈情绪反应,甚至出现不够理智的行为;分数低于9分,表示情绪稳定。

P分量表:分数高于8分,表示可能孤独、不关心他人,难以适应外部环境,不近人情,与别人不友好,喜欢寻衅搅扰,喜欢干奇特的事情,并且不顾危险。

L分量表:分数高于18分,表示被试者有掩饰倾向,测验结果可能失真。

【任务拓展】

1.与全班同学交换测试结果,将本班同学气质类型和人格问卷得分情况进行分类。分类完成,大家按类型分组,组内再讨论大家的异同情形。

2.查阅资料,并回答你的"理想我"与"现实我","私人我"与"别人眼中的我",本我、自我、超我,生理我、心理我、社会我有多大差距。

任务四 心理训练

【任务要求】

认真阅读以下心理训练的活动要领和步骤,熟悉训练活动的开展过程,训练过程中应全身心参与,认真体验并领会"我"的真正含义,形成正确的"我"的认识和定位。

【任务实施】

完成训练1、训练2、训练3、训练4的任务内容。

训练1　3分钟自我介绍

撰写一篇不少于500字的自我介绍,尽量描述详细,主要包括姓名、性格特点、兴趣爱好、优缺点、为人处世方式、目标理想、人生信条等,并在全体同学面前大声朗读。旁边的同学积极回应,在别人自我介绍时,全程关注,介绍完毕给予掌声。3名同学对介绍者进行现场提问,介绍者真诚地给予答复。

训练2　猜猜我是谁

随机抽取几份自我介绍读给全班同学听,让大家猜一猜这是谁。同时思考为什么有的人会猜错,而有的人会猜得很准。被大家猜的同学思考,自己的描述和他人对自己的印象为什么会出现差异甚至矛盾。

训练3　为他人画像

每位参与者任意选一个人为他画像,画像过程中可以进行语言和表情交流,可以用铅笔或碳素笔作画。画像结束,当场给对方,让对方就画像的特点进行提问。比如,为什么我的鼻子会这样;我的眼睛画小了,请给个解释;等等。作画方要认真回答问题,给对方合理的解释。

训练4　戴高帽

全体同学随机分组,一般5~10人一组,围成一圈席地而坐,如场地限制,可在教室开展活动。小组成员轮流进入圆圈中心就座,并头戴事先做好的"高帽子",向大家介绍自己的姓名、性格、优缺点等。在圈外的同学按顺序说出圆圈中就座的同学的优点,如学习努力、自信等,被"戴高帽"的同学说出哪些优点是自己以前意识到的,哪些优点是自己以前没有意识到的。

注意:每个成员必须真诚,避免吹捧,被欣赏的成员要分享内心真实感受,大家共同讨论如何用心去发现他人的优点,学习做一个善于赞美和欣赏别人的人。

【任务作业】

以"我是——的"造句,不少于20个句子,根据所造句子进行排列,保留最重要、最符合要求的前5个,删除最后5个,根据别人的建议决定是否保留中间10个。

【任务拓展】

以上4个心理训练活动完成后,分享自我认识与定位的心得,对"新"认识的自己进行描述,并在微信朋友圈或其他新媒体平台上分享。

模块二
适应心理训练：主动适应大学生活

模块二 适应心理训练：主动适应大学生活

知识目标

1. 通过本模块的适应训练，了解适应的含义和大学生适应的基本状况。

2. 通过案例学习较丰富的适应知识元素，通过测试部分的操作掌握大学生适应量表和社会适应能力诊断量表等的检测方法，了解并运用得分解释说明，掌握适应心理训练活动步骤等。

能力目标

1. 会根据案例进行对比和反思。

2. 会熟练运用心理测试量表，能用测试结果进行解释。

3. 对自我和他人进行觉察、分析，会根据提示进行适应性心理训练，逐步提高自我适应能力。

4. 能用自身成功经验协助他人解决一些适应性问题。

思政目标

自我能适应他人、学校、社会环境，并与自我、他人以及当前环境产生良好互动，实现自我内部和谐统一，自我与环境和谐统一，避免出现自我毁灭倾向及反社会心理和行为，能对自己所面对的一切产生积极正面影响。

模块学时

1～2学时

模块导览

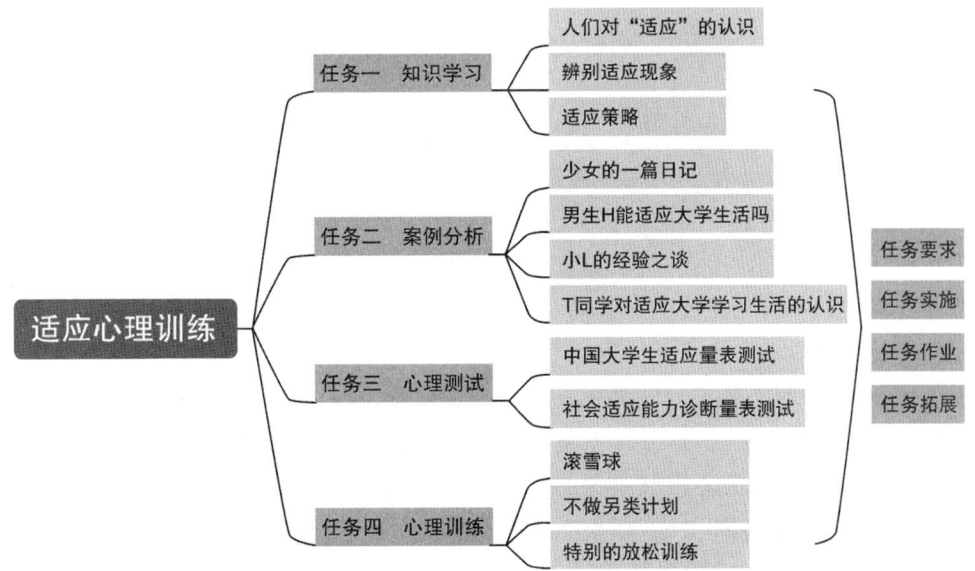

启智润心

明白事理的人使自己适应世界,不明白事理的人想使世界适应自己。

——萧伯纳

世界上没有绝望的处境,只有对处境绝望的人。

——弗洛姆

人,只要有一种信念,有所追求,什么艰苦都能忍受,什么环境也都能适应。

——丁玲

任务一 知识学习

【任务要求】

学习有关适应的知识,从知识角度理解适应,并不断丰富有关适应的知识,掌握大学生应知应会的适应性知识。

【任务实施】

1. 梳理人们对"适应"的认识。
2. 学会辨别适应现象。
3. 了解适应策略并学会应用。

知识点1 人们对"适应"的认识

《辞海》认为"适应"一词最早是以生物学术语的身份出现的,指"生物在生存竞争中适合环境条件而形成一定性状的现象,是自然选择的结果"。

在《现代汉语辞海》中,"适应"的定义是"适合,随着条件的变化不断地作相应的改变以求一致"。

皮亚杰认为,人的智力的本质就是对环境的适应。智力适应包括同化和顺应两个过程。适应是个体在自身认知系统上的一系列选择性行为。环境适应是一项心理机能,环境适应能力是衡量心理健康教育成效的一项指标。

朱智贤认为,所谓的"适应"是来源于生物学的一个名词,用来表示能增加有机体生存机会的那些身体上和行为上的改变。心理学中,"适应"一词用来表示对环境变化做出的反应,如对光的变化的适应和人的社会行为的变化等。

由上述结论可知,个体在与环境相互作用的过程中,通过调节自身身心状态让心理和行为方式符合环境变化要求,最终实现平衡与协调。可见,平衡与协调是人处理与环境关系的重要影响因素,也是衡量人心理健康的重要标尺。

大学适应可以分为不同方面,如生活适应、学习适应等。生活适应是指大学生根据环境和生活需要,自我调适,使自己的心理活动和行为方式更加符合大学生活环境变化和自身发展的要求,从而达到新的平衡的过程。生活适应包括自然环境适应、人际关系适应、校园课余生活适应等。学习适应是指大学生根据环境和学习需要,努力调整,使自己的心理活动和行为方式更加符合学习环境变化和自身发展的要求,达到新的平衡的过程。学习适应包括确立学习目标、调整学习模式、制订时间规划、改变学习方法、调动学习兴趣和适应教师授课方式等方面。

知识点2　　辨别适应现象

(1)环境适应。从一个生活习惯的地方到另一个地方,人生地不熟,昔日的伙伴离你而去,对他们只有怀念,除了怀念还是怀念。刚到这个地方,会紧张不安,觉得饭菜不好吃,感觉宿舍的舍友脾气特别坏,开个玩笑都得小心翼翼,得随时提防被人伤害。

(2)学习适应。有时发现自己焦虑得睡不好觉,有时遇到高兴的事却提不起兴趣,更不知如何着手学习,未来似乎呈一片灰色,接下来不知如何是好。

(3)人生规划的适应。父母和熟悉的老师、同学离开了你,现在完全由自己掌握自己的学习时间、生活作息,例如自己决定几点睡觉。这些抉择来得太突然,自己感到害怕了,心想:要是有人在旁边经常提醒着多好。

(4)理想与现实的落差适应。理想中的大学不是这样子的。梦想中的象牙塔呢?两个月过去了,还是感觉落差大,失望,甚至绝望,有退学的念想。

(5)人际关系适应困难。明明我对他很好,但上自习和外出玩耍,他约别人,偏不叫我。感觉整个班级的大多数人都这样,大学里人际关系有必要这么复杂吗?

(6)情感关系处理适应。高中时我没有谈恋爱,现在却看到校园里好多大学生成双成对。我家庭背景不好,人也不够优秀,能轰轰烈烈地谈一场恋爱吗?不行,还是不要去碰了,碰不起,伤不起,可是又不甘心。读个大学,带给我的是焦虑不安,还是自卑害怕,抑或是顺其自然?

以上问题均属适应问题,主要原因是生活环境、生活方式、生活习惯、生活范围、生活条件发生了变化,学习目标、内容、方法发生了变化,人际交往对象和要求超出了自我心理的预期。大学新生刚从中学阶段单纯的不成熟状态中跨进大学,大多数学生对大学只有美好的憧憬,非理性的认知占据较大部分,理性的认知没有发挥应有作用。所以,他们带着非理性认知进入大学,发现理想和现实的差距后,心中会产生挫折感,不良情绪自然会出现。正确认识大学生活、尽快适应大学生活既是大学新生面临的一个新课题,也是对大学新生心理健康素质的一个考验。

【知识链接1】

1948年,世界卫生组织将"健康"定义为:不仅是没有疾病或缺陷,还是一种在生物、心理和社会功能上保持完好的状态。1989年,世界卫生组织对"健康"的定义和内涵重新进行了调整:不仅是没有疾病,而且包括躯体健康、心理健康、社会适应良好和道德健康。世界卫生组织两次对健康内涵的解释,都提到了社会适应良好,这说明"适应"对人的健康而言非常重要。

【知识链接 2】

联合国教科文组织提出了大学生要做到"四个学会"。

(1)学会做人:不断增强自主性、判断力和个人的责任感,树立正确的人生观、价值观,具备明确的伦理道德观念和是非观念。

(2)学会做事:要有敬业精神、独立处理问题的能力、应对各种情况和各种环境的工作能力,能够不断积累做事的相关经验。

(3)学会与人相处:对他人有尊重、真诚的态度,与人和谐相处,能够与他人进行良好的沟通。

(4)学会学习:热爱学习,不断用新的知识充实自己。

知识点 3 适应策略

上述适应性问题的发生因人而异,在不同人身上会有不同表现,只要努力调整自己的状态,树立坚定的信念,改变自己的不良认知,主动适应环境,大多数情况下,适应性问题就会迎刃而解。

(1)应正确认识和评价自己。正确认识和评价自己是大学适应的关键,如果一个人对自己有清楚的认识,心理就比较健康,就可以比较好地适应环境。要做到客观全面地认识自我,应当正确地同他人比较,正确地对他人、对自己进行评价,分析自己的长处和短处,摆正自己的位置。只有客观全面地认识自我,才能心平气和地悦纳自我、树立信心,找准前进的基点和努力的方向。大学生在确立目标时一定要考虑社会的制约、现实的社会条件和自身条件,有效树立近期目标、中期目标和远期目标,并及时调整目标和方向。从心理学的角度讲,一个明确的目标,尤其是近期目标,可以使人集中注意力,减少对一些小事的关注和由小事引起的困扰与焦虑,产生积极向上的动力。大学新生要学会自己确定学习目标,制订学习计划,安排学习时间,选课,检查学习效果,并且主动找教师征询意见,请教师帮助解决困难,定期向教师汇报学习状况,提出自己的计划并与教师共同探讨。大学生要培养良好的社会适应能力,保持个人的心理平衡,必须坚定成功的信念,保持积极的心态。

(2)学习心理知识,寻求心理帮助,迅速适应新环境。到大学以后,人生开始了一段新的旅程,许多事物都在发生变化,因此,心理上将会产生一些不适应。此时,要学会全面、客观地看待事物,有意识地学习一些有关心理学方面的知识,正确对待学校开设的"大学生心理健康教育"课程。除此之外,还要积极寻求心理帮助,根据自己的具体情况进行心理咨询,解决学习、生活中的心理冲突、感情纠纷、精神压力大等问题。

(3)加强意志锻炼,培养乐观情绪,成功度过适应期。校园是社会的雏形,有艰辛和险滩,也有挫折和失败。在遇到挫折时,意志力强的人能够积极适应,自觉调节自己的心理和行为,面对问题,找出失败的原因,施展所有的本领来应对困难,善始善终地将计划执行到底,直至目标实现。意志薄弱的人,自动消极应对,缺少信心和意志力,自我约束力弱,在遇到麻烦时,容易改变行为的方向,或半途而废,回避现实,采取消极的认知和行为方式。这不仅不利于目标的实现,还会进一步失去自信心和减弱适应能力,甚至出现抑郁情绪和心理障碍。

(4)大学生处于青春期后期,情绪富有冲动性和不稳定性,应当十分重视情绪的自我调节。平时应注重学习一些情绪训练的心理操控技术,比如安全岛技术、保险箱技术、腹式呼吸法、吹气球法、逗乐法、凝神法、正念训练、思维阻断法等,结合自己的实际,选择适合自己的方法进行训练,不断巩固情绪调节成效。

(5)主动联系学长、学姐。有的大学考虑到学生的适应问题,建立了书院制①,在书院制管理过程中,不同年级、不同专业学生会生活在一起。经过一段时间的融合,书院制这个"大熔炉"会展现其包容性,"菜鸟"在短时间会得到很大帮助和能力的提高。同时,遇到问题和困难时,自己应主动找"依靠",此时可以找学长、学姐协助解决。他们先前已经解决过类似的一些适应性问题,积累了一定经验,这些经验能帮助后辈们少走弯路。因此,刚来到大学,如找不到熟人、同乡,不如去找同系、同专业的学长、学姐,主动添加联系方式,虚心求教学习方式、社团选择方法、图书馆"占位"技巧,他们都会热心地提供帮助。

(6)主动走出自己的世界,结交更多的同学和朋友,寻找志同道合的人,抱团取暖。刚步入大学,人生地不熟,人与人之间戒备心很强,双方都不会轻易迈出第一步,又因心理存在被人认识、接纳的需要,此时可利用打扫宿舍、班级活动、食堂打饭等机会发展友谊。

(7)调整心态,树立"只要我过得舒服自在,健康而愉快,我就是好的"的大学生活观念。凡事不必强求,但凡有利于自我发展和完善的事应尽力而为,有时即使一个人独处也是没有问题的。独立、自信的品格是大学生适应过程中所必备的。

【任务作业】

收集新学校的信息,弄清楚以下问题:建筑物有哪些?在什么位置?学校开设的专业有哪些?社团有哪些?本专业都有哪些老师?班级同学来自什么地方?

【任务拓展】

查阅资料,搜索爱因斯坦、海伦·凯勒、霍金、马云等的成长历程,分析他们在成长过程中有没有发生过不适应问题以及他们的不适应属于哪一类,并与大家分享他们解决不适应问题的方法。

任务二 案例分析

【任务要求】

阅读案例,指出案例反映的适应性问题,将案例中的主人翁与自己对照,积极分析讨论,帮助自己与他人反思醒悟,与他人共同协商解决办法,一起成长。

【任务实施】

对4个案例进行分析并从不同角度展开讨论。

---

① 书院制是实现通识教育(素质教育)和专才教育相结合,力图达到均衡教育目标的一种学生教育管理制度。

案例 1

少女的一篇日记

曾经的我以为20岁离自己很远，自己永远是个幼稚的小孩，永远长不大，永远相信童话，可在不知不觉间我已经不会再去看动画片，不再喜欢五颜六色的发卡、可爱蓬松的公主裙，取而代之的是上网冲浪、干净利落的高马尾、简单修身的套装。从豆蔻到桃李，这二十载岁月年华，已将蹒跚学步的小女孩雕刻成现在亭亭玉立的模样。

"少女情怀总是诗"，这多愁善感的青春，我们都不能避免落俗。青春，梦想，一晃而过。进入大学，我们就开始了另一个故事，那"兵荒马乱"的青春啊，好像又要开始了。我们开始惶恐不安，不知所措，好像不知道前面的路该怎么走了。进入大学，一切都是新的开始，新的同学、新的老师、新的环境、新的教学方法，你会不适应、不习惯，渐渐地好像也习以为常了，但仍会感到很迷茫，感觉以前的目标都很明确，从背上书包那一刻你的目标就是考大学，可等到考上大学了就感觉不知道接下来该做什么了。

人际关系好像更复杂了，维持关系也令自己身心俱疲，好像自己也不怎么会说话，不太会讨人喜欢，陷入了自我怀疑、自我否定之中。处于青春期的自己随着年龄的增长好像也有了喜欢的男生，可是自己并不优秀、不美丽，好像他也不会喜欢这样的我。就算跟喜欢的男生在一起了，也处理不好恋爱关系，总是把这段关系弄得很糟糕，愈加陷入自我怀疑的境地，感觉自己什么也做不好，开始悲观消沉。大一有一段时间过得真的很糟糕，感觉整个人都很低落，怎么也开心不起来，幸好自己熬过来了。

进入大二，我将自己所有的精力都放在学习和运动上，也收获了一段甜甜的恋爱。现在感觉所有事物都往好的方向发展，那些让自己不舒服、不愉快的关系也懒得去维持了，爱咋咋地吧！我们都不知道未来会发生什么，但是可以慢慢成为自己想成为的人。亲爱的女孩，不要悲观消沉，因为20岁的你是最好的你，20岁也是最好的青春时光。青春是人的一生中最好的年华，那时候，除了教室外的蝉鸣、图书馆的静谧，就是身边那个看到就会脸红的他。那时候年少无知，所有的承诺都会信以为真。

青春是萤火绚丽的流动银河，灿烂却也极致短暂。时光的沙漏里，细沙流走的是光阴；淡淡檀香里，袅袅燃尽的是光阴。每个人为了活下去，都必须找到点燃自己心头之火的力量，那烈焰就是灵魂的食粮。所有的时间都用来彷徨，只有一瞬间用来成长。如果说青春需要一种素质，那就是需要用一种更广阔的视野去选择，或者运用那些锲而不舍的青春元素，登高望远，感受人生的辽阔，在这些经过的风雨中，活出生活最朴素的意义和价值。

分析与讨论

案例中的女孩是否也遇到了学习和生活困惑？"惶恐不安，不知所措"的原因是什么？

案例 2

男生 H 能适应大学生活吗

人生其实是一个很短暂的过程，那为什么我们有时快乐，有时难过？这其实是因为每个人的心理影响因素各不相同。在生活中我们应该合理地掌控自己的情绪,做自己情绪的主人,这样才有利于自己的身心健康发展。我们不能控制别人的想法和心理,但是却能掌控自己的思想。

回顾中学时期,那时的我还是一位意气用事、精神涣散、为了一点小事斤斤计较的"毛头小子"。但是自从来到大学,我感受到了真正的尊重。大学是一个小型社会,比起中学,大学生活更多地体现出成熟、独立的思想和行为方式。中学生活方式到大学生活方式的转变给我带来了许多生活中的烦恼。

我觉得下面这件事,给我带来了上大学后最大的心理落差。那年夏天,我考进了这所大学,满怀期待地来到这座城市,心想这所大学应该不会让我失望,也以为自己能一直在理想的城市度过整个大学生涯。我觉得那年是我最快乐的时光了,因为我喜欢那里的风、花、雪、月;喜欢那里的小红车;喜欢那里的烤鱼;喜欢我在那里经历的故事;甚至那里的天气、空气都让我如此着迷。但是好景不长,我们只能在那里学习一年,大二生活的转变打破了我的美梦,我们离开美好的 D 地来到另个一校区。刚开始其实我还是挺期待的,但是来了以后让我感觉很糟糕。首先,在来的途中我发现学校离城区比较远。其次,半学期后,让我觉得落差最大的就是人情世故,总觉得所有的人都不再像以前那么热情。最后,这里的学习环境成为我消极情绪的来源,在 D 地至少有图书馆可以为我们提供学习资料,来到这边后阅览室很小也不能借书。有时,精神饱满地来到教室,但是到教室后看到满抽屉的垃圾,真的没有学习的欲望。

对于我来说,这些落差给我造成了很多心理问题,压力大、自卑、后悔甚至还有一点愤怒。有时候我也会找朋友倾诉自己的想法,但是作用不大。也不知道是因为失恋还是因为这些心理落差,我无法释放自己的情绪,在我很难过的时候我开始使用不健康的方式来发泄自己的情绪。大二后,各方面压力增加,我开始学会了用抽烟、喝酒的方式来发泄自己的情绪。在人生的十字路口,老师帮助我走出情绪的困境。老师教我用运动疗法、腹式呼吸法、橡皮圈法、安全岛技术等调节情绪。此后,不良情绪逐步得到消解。

我想对自己说,在生活中很多客观因素都是无法改变的,我们唯一能改变的只有自己。"物竞天择,适者生存",我们要去适应自己所处的环境。人生是一个修炼的过程,只有正确对待、处理自己的心理问题才能给自己的行动指明方向,才能使自己更好地把握人生。

最后,送自己一句话:路漫漫其修远兮,吾将上下而求索。

分析与讨论

对于男生 H 来说,他认为是什么给他造成了很多心理问题?分组讨论抽烟、喝酒对适应大学生活的负面影响。

案例 3

小 L 的经验之谈

回看已经流逝的大学时光,懒散,对什么事都提不起兴趣;碌碌无为,也没有交到几个真心朋友,圈子很小,仅在本班;不善表达,为人处世的能力有待提高;学习积极性也不高,就想着平平凡凡地度过大学时光(其实就是虚度光阴,浪费自己的宝贵年华)。用着父母的钱,过着浑浑噩噩的生活,我对现在的自己很不满意,甚至讨厌。当我们班很多人都在为了以后的个人发展而去实习、参加培训时,我却无所作为。我也想去,但是,我不善于与他人交流,自己的交际能力有待提高。通过对自己的反思,我认为我有轻度的偏执型人格障碍,自己对别人不怎么样,却想着别人对自己多好,对别人有过高的要求。受家庭环境影响,我总想把自己装扮成衣食无忧的样子。我知道,想要做一名合格的大学生,心理健康是很重要的,正确的自我认知是达成心理健康的重要前提。我应该实事求是地认识自己,评价自己,激励自己,扬长避短,奋发上进。作为一名大学生,我在很多时候不能积极乐观地面对生活。曾经的我想问题不切合实际,喜欢听悲伤的歌曲、故事等,喜欢一个人独处,有什么事情都憋在心里,常陷入忧郁、悲伤的情绪中,朋友也很少。

进入大学后,我有点不适应这样的生活。通过参加各种活动,积极锻炼自己,现在的我和以前真的很不一样。现在,我觉得自己不再是一个消极的人。我会乐观地看待事情,能够很好地调节自己的心情。不过,我有时候做事情太急躁,容易出错,所以我还要在实践中锻炼并磨炼自己。老师说:情绪是人对客观事物态度的体验,是人的需要得到满足与否的反映。人在活动中,在接触客观外界时,并非单纯地认识事物,而总是对客观事物抱有一定的态度,同时在内心深处产生一种特殊的体验,这种态度、体验就是情绪。好的心境能促进人身体健康,并有助于充分调动人的积极性,提高工作效率;相反,不良的心境则让人心烦意乱、意志消沉,容易被激怒,对人的健康有极大的危害。之前我一直以为,坏情绪是由环境造成的,现在我终于懂了,原来坏情绪是自己对环境的消极认识和评价造成的。既然是这样,那么现在我想对自己说:"趁现在还年轻,还有机会从头再来。改变不了的东西,需要学会去适应、去接受。拿跑早操来说,这事本就是为了我们自己好。从现在开始改变自己,改变自己对生活的态度,换一种积极向上的生活方式。调整好心态,做好面对困难的准备,只要思想不滑坡,办法总比问题多。男人嘛,最不缺的就是从头再来的勇气!加油!未来可期!"

分析与讨论

对比小L前后的状态有何变化?他身上有哪些值得学习的地方?

案例 4

T同学对适应大学学习生活的认识

不知不觉,我们进入大学将近两年了。这个时间或许说长不长,说短也不短。回首过去,心中感触颇多。不知你们的感受是否与我相同?

在未进入大学之前,我相信绝大多数人与我一样,对大学充满了向往。大学,这个让我们向往已久的学习殿堂,也是许多学子梦断"独木桥"的地方。它寄托了大家太多的理想和近乎全部的希望,足以成为我们昔日奋斗的全部动力。闲暇之余,我们或多或少都会幻想大学里的学习和生活方式。我们无数次渴望早点摆脱之前那沉重的作业负担,无数次渴望领略老师们口中那被浓墨重彩描绘的象牙塔风情,无数次……大概已经记不清了。这或许是源于我们对自由的追求，或许是源于我们的年少轻狂、过于执着，或许是因为我们太想从当时巨大的压力下解脱出来吧。后来，我们真的踏入了这个对我们来说近乎谜一般的地方。我们得到了期盼已久的自由，似乎摆脱了那压迫式的学习方式。经历了以往的重重考验，直到此刻我们才感觉有所释放。不知不觉间，我们的潜意识告诉我们是时候让自己放松一下了。于是，有些人就很自然地以为大学是培养个性的地方，而学习不再是这个环境的主流。我们花在学习上的时间越来越少了，美其名曰包装自己、锻炼能力，实则是逐渐放纵自己，为自己的清闲找借口。殊不知，一切已经悄然发生了变化。其中不少人陆续开始迟到、旷课，或是来了也只是换了个地方睡觉而已。尽管大学的课程安排得较为稀疏，但是课程之间的联系却十分紧密，一堂课没听，下一堂就很难衔接得上。不过，这个问题此刻还是有解决的方法的。须知亡羊补牢，犹未晚也；忆往昔之不谏，知来者之可追。我们的大学时光毕竟才刚刚起步，大学中大部分时间需要自主支配，这就要求我们坚持不懈、自觉刻苦地去对待所有领域的学习，不限于课业，还有以往缺乏的方方面面，今后我们要做的就是去弥补这样的缺失。大学，正是一个能让我们意识到这种缺失重要性的地方。我们要在短暂的大学时光中，逐渐建立起这种理性的觉悟，找到自信，然后在一个匆忙急速旋转的世界里找到一个恒定的点，让周围的一切生动起来，激活生命。

我们要在短暂的时间里获得这么多知识，就必须珍惜时间。时间正如朱自清《匆匆》一文中所描述的那样："洗手的时候，日子从水盆里过去；吃饭的时候，日子从饭碗里过去；默默时，便从凝然的双眼前过去。我察觉他去得匆匆了，伸出手遮挽时，他又从遮挽的手边过去；天黑时，我躺在床上，他便伶伶俐俐地从我身上跨过，从我的脚边飞去了。"大学的学习生活稍纵即逝，只有学会和时间相处，才能更好地适应大学的学习生活。

分析与讨论

回想自己有没有过小T类似的经历和想法，如果有，试着评论这种经历和想法。小T对大学生活适应中的"时间"问题有何看法？讨论如何利用好大学时间。

【任务作业】

结合以上4个案例，思考大学生如何才能做到良好适应大学生活。案例中的几位同学在各种不适应面前表现出了怎样的心理韧性？

【任务拓展】

收集一些资料，制定几条符合自己发展的适应性策略，评估目前自己对这几条策略的运用状况。

任务三　心理测试

【任务要求】

认真阅读测试要求，根据自己的第一感觉，实事求是地完成测试，并对测试计分解释了然于心，以平静心态看待测试及其结果，尝试了解适应状况。

【任务实施】

完成中国大学生适应量表测试和社会适应能力诊断量表测试。

测试1 中国大学生适应量表测试

中国大学生适应量表(CCSAS)

指导语：下面列出了一些关于你个人情况的句子。请你仔细阅读每一个句子，并根据最近一段时间内的实际情况，在答题纸上适当的位置选出同意或者不同意的程度。

"不同意"选1，"不太同意"选2，"不确定"选3，"比较同意"选4，"同意"选5，答案无对错之分，请你认真作答。

序号	项目	选项				
		不同意	不太同意	不确定	比较同意	同意
1	每天的生活中总是有我感兴趣的事情。	1	2	3	4	5
2	如果让我再选择一次，我还是会像现在这样生活。	1	2	3	4	5
3	我总是感到心情愉快。	1	2	3	4	5
4	我平时常看与专业有关的书。	1	2	3	4	5
5	我很少去了解社会对人才的需求。	1	2	3	4	5
6	遇到灰心的事情，我常常一筹莫展。	1	2	3	4	5
7	我对现在的大学生活很满意。	1	2	3	4	5
8	我清楚地知道毕业后该继续深造还是工作。	1	2	3	4	5
9	我对现在的学习有很高的热情。	1	2	3	4	5
10	我认为自己的优点多于缺点。	1	2	3	4	5
11	很多人都找我和他们一起玩。	1	2	3	4	5
12	我从不通过阅读各种有关择业的书籍来了解不同职业的特点和要求。	1	2	3	4	5
13	当我不想一个人做事时，总能找到人陪我。	1	2	3	4	5
14	我知道自己适合做什么工作。	1	2	3	4	5
15	我从不感到孤独。	1	2	3	4	5
16	我总是去发现自己的优点并以此来鼓励自己。	1	2	3	4	5
17	我的业余生活很丰富，不需要做任何改变。	1	2	3	4	5
18	我不知道怎么夸奖别人。	1	2	3	4	5
19	我不会为实现自己的职业目标而制订计划。	1	2	3	4	5

续表

序号	项目	选项				
		不同意	不太同意	不确定	比较同意	同意
20	和别人发生冲突时,我不知道该怎么办。	1	2	3	4	5
21	我很少感到紧张或焦虑。	1	2	3	4	5
22	我会根据自己的实际情况培养一些业余爱好。	1	2	3	4	5
23	我总拿自己的短处与别人的长处比较。	1	2	3	4	5
24	我经常对学习进行反思。	1	2	3	4	5
25	当我受到打击时,我会想到自己好的一面。	1	2	3	4	5
26	虽然我的业余生活很贫乏,但我不知道怎样改变这种状况。	1	2	3	4	5
27	我总是精力充沛,精神饱满。	1	2	3	4	5
28	我不知道如何分配学习时间。	1	2	3	4	5
29	我觉得自己的能力比别人强。	1	2	3	4	5
30	我非常厌烦现在的学习。	1	2	3	4	5
31	与同龄人相比,我感到很知足。	1	2	3	4	5
32	我不习惯学校规定的作息时间。	1	2	3	4	5
33	我不为自己的外貌而烦恼。	1	2	3	4	5
34	在不同的学习阶段我总是制定不同的学习目标。	1	2	3	4	5
35	当我有困难时,有很多人愿意帮助我。	1	2	3	4	5
36	我有明确的职业目标。	1	2	3	4	5
37	我知道如何关心别人。	1	2	3	4	5
38	我的业余生活单调乏味。	1	2	3	4	5
39	我常常通过转移自己的注意来调整情绪状态。	1	2	3	4	5
40	我很少对前一阶段的学习进行总结。	1	2	3	4	5
41	我会综合各种因素来确定自己的择业目标。	1	2	3	4	5
42	我不知道用什么办法让自己接纳自己。	1	2	3	4	5
43	很多人都愿意和我交往。	1	2	3	4	5
44	我非常喜欢自己的专业。	1	2	3	4	5
45	我不知道做什么事情能使自己高兴起来。	1	2	3	4	5
46	我喜欢学校的娱乐、休闲或锻炼场所。	1	2	3	4	5
47	我总是总结考试失败的经验教训。	1	2	3	4	5

续表

序号	项目	选项				
		不同意	不太同意	不确定	比较同意	同意
48	我认为大学生活中有很多不尽如人意的地方。	1	2	3	4	5
49	我总是想办法来提高记忆力、注意力等学习能力。	1	2	3	4	5
50	我善于用言语和别人进行沟通。	1	2	3	4	5
51	我经常有意识地通过参加社会实践活动为将来的工作准备。	1	2	3	4	5
52	我非常适应大学里的生活。	1	2	3	4	5
53	不高兴时,我只会抱怨。	1	2	3	4	5
54	我觉得现在的宿舍很舒适。	1	2	3	4	5
55	遇到陌生人时,我不知道如何与他们交谈。	1	2	3	4	5
56	当我想聊天时,总能找到人和我一起聊。	1	2	3	4	5
57	我觉得自己对未来从事什么工作越来越迷惘了。	1	2	3	4	5
58	当心情不好时我会出去散散心。	1	2	3	4	5
59	我觉得自己越来越适应大学的学习了。	1	2	3	4	5
60	我会努力参加各种活动来丰富我的业余生活。	1	2	3	4	5

【任务作业】

完成测试,学习如何计分、评分,并看懂自己的适应情况测验结果。

【测试简介】

本量表的目的是了解大学生对大学的适应状况。中国大学生适应量表(China college student adjustment scale,CCSAS)由北京师范大学方晓义等编制而成,适用于中国所有在校专科生、本科生和研究生,简单易测。本量表共有7个维度,具体如下。

人际关系适应(10个项目):11、13、18、20、35、37、43、50、55、56

学习适应(11个项目):4、9、24、28、30、34、40、44、47、49、59

校园适应(8个项目):17、22、26、32、38、46、52、60

择业适应(9个项目):5、8、12、14、19、36、41、51、57

情绪适应(9个项目):3、6、15、21、27、39、45、53、58

自我适应(8个项目):1、10、16、23、25、29、33、42

满意度(5个项目):2、7、31、48、54

【计分方法】

反向计分题项有5、6、12、13、18、19、20、21、23、26、28、30、32、38、40、42、45、48、53、55、57,即选"不同意"得5分,选"不太同意"得4分,选"不确定"得3分,选"比较同意"得2分,选"同

意"得1分,其余为正向计分题项。

【得分解释】

将所有题项得分相加,得分越高,表示适应性越好。

测试 2 社会适应能力诊断量表测试

社会适应能力诊断量表

社会适应能力,指的是一个人在心理上适应社会生活和社会环境的能力。社会适应能力的高低,从某种意义上讲,能够反映一个人的成熟程度。以下问题能帮助你进行社会适应能力的自我辨别,每个题目共有3个选项,分别是A、B、C,请根据你的真实想法选出最适合自己的一项。请不要过多思考,直接选出你的答案。

1. 我最怕转学或转班级,每到一个新环境,我总要经过很长一段时间才能适应。(　　)
　　A. 是　　　　　　　　　B. 无法肯定　　　　　　　　C. 不是

2. 每到一个新的地方,我很容易同别人接近。(　　)
　　A. 是　　　　　　　　　B. 无法肯定　　　　　　　　C. 不是

3. 在陌生人面前,我常无话可说,以至感到尴尬。(　　)
　　A. 是　　　　　　　　　B. 无法肯定　　　　　　　　C. 不是

4. 我最喜欢学习新知识或新学科,它们给我一种新鲜感,能调动我的积极性。(　　)
　　A. 是　　　　　　　　　B. 无法肯定　　　　　　　　C. 不是

5. 每到一个新地方,我第一天总是睡不好,就是在家里,只要换一张床,有时也会失眠。(　　)
　　A. 是　　　　　　　　　B. 无法肯定　　　　　　　　C. 不是

6. 不管生活条件有多大变化,我都能很快习惯。(　　)
　　A. 是　　　　　　　　　B. 无法肯定　　　　　　　　C. 不是

7. 越是人多的地方,我越感到紧张。(　　)
　　A. 是　　　　　　　　　B. 无法肯定　　　　　　　　C. 不是

8. 在正式比赛或考试时,我的成绩多半不会比平时练习差。(　　)
　　A. 是　　　　　　　　　B. 无法肯定　　　　　　　　C. 不是

9. 我最怕在班上发言,全班同学都看着我,心都快跳出来了。(　　)
　　A. 是　　　　　　　　　B. 无法肯定　　　　　　　　C. 不是

10. 即使有的同学对我有看法,我仍能同他(她)交往。(　　)
　　A. 是　　　　　　　　　B. 无法肯定　　　　　　　　C. 不是

11. 老师在场的时候,我做事情总有些不自在。(　　)
　　A. 是　　　　　　　　　B. 无法肯定　　　　　　　　C. 不是

12. 和同学、家人相处,我很少固执己见,乐于采纳别人的看法。(　　)
　　A. 是　　　　　　　　　B. 无法肯定　　　　　　　　C. 不是

13. 同别人争论时,我常常感到语塞,事后才想起该怎样反驳对方,可惜已经太迟了。(　　)
　　A. 是　　　　　　　　　B. 无法肯定　　　　　　　　C. 不是

14. 我对生活条件要求不高,即使生活条件很艰苦,我也能过得很愉快。( )
   A. 是   B. 无法肯定   C. 不是

15. 有时自己明明把课文背得滚瓜烂熟,可在课堂上背的时候,还是会出差错。( )
   A. 是   B. 无法肯定   C. 不是

16. 在决定胜负成败的关键时刻,我虽然很紧张,但总能很快使自己镇定下来。( )
   A. 是   B. 无法肯定   C. 不是

17. 我不喜欢的东西,不管怎么学也学不会。( )
   A. 是   B. 无法肯定   C. 不是

18. 在嘈杂混乱的环境里,我仍然能集中精力学习,并且效率较高。( )
   A. 是   B. 无法肯定   C. 不是

19. 我不喜欢陌生人来家里做客,每逢这种情况,我就有意回避。( )
   A. 是   B. 无法肯定   C. 不是

20. 我很喜欢参加社交活动,我感到这是交朋友的好机会。( )
   A. 是   B. 无法肯定   C. 不是

【任务作业】

完成测试,学习计分、评分,查看自己的社会适应能力处于什么水平。

【量表简介】

本测试量表为北京师范大学心理学院教授、博士生导师郑日昌所编制,能帮助测试者进行社会适应能力的自我判别。

【计分办法】

1. 单数号题 (1、3、5、7……)

"是":-2分;"无法肯定":0分;"不是":2分。

2. 双数号题 (2、4、6、8……)

"是":2分;"无法肯定":0分;"不是":-2分。

【得分解释】

35~40分:社会适应能力很强,能很快地适应新的学习、生活环境,与人交往轻松、大方,给人的印象极好,无论进入什么样的环境,都能应付自如、左右逢源。

29~34分:社会适应能力良好。

17~28分:社会适应能力一般,当进入一个新环境,经过一段时间的努力,基本上能适应。

6~16分:社会适应能力较差,依赖于较好的学习、生活环境,一旦遇到困难则易怨天尤人,甚至消沉。

5分以下:社会适应能力很差,在各种新环境中,即使经过一段相当长时间的努力,也不一定能够适应,常常因困惑、与周围事物格格不入而十分苦恼。在与他人的交往中,总是显得拘谨、羞怯、手足无措。

如果你在这个测试中得分较高,说明你的社会适应能力较强。如果你的得分较低,也不必忧心忡忡,因为一个人的社会适应能力是随着年龄的增长、知识经验的丰富而不断增强的。只要你充满信心,刻苦学习,虚心请教,加强锻炼,就一定会成为适应社会的成功者。

【任务拓展】

反观自我,不适应问题表现在哪些方面?虚心听取别人的意见和建议并认真记录。

任务四　心理训练

【任务要求】

认真阅读以下心理训练的活动要领和步骤,熟悉训练活动的方式和流程,训练过程中应全身心参与,认真体验训练活动给自己带来的心理变化。

【任务实施】

完成训练1、训练2、训练3的任务内容。

训练1　滚雪球

若干人围成一圈,从第一个人开始轮流介绍自己的信息,包括姓名、兴趣爱好。当第一个人介绍完时,第二个人要先复述前一个人的姓名、兴趣爱好,然后再向大家介绍自己的姓名和兴趣爱好。当轮到最后一个人时,他需要说出前面所有人的姓名和兴趣爱好,之后再介绍自己的信息。由于越往后越难记住前面人的信息,因此当有人记不清时,大家要积极提供帮助,这样,"雪球"就会越滚越大。

训练2　不做另类计划

制订一个"不做另类计划",陆陆续续实施,并给自己打分,1个计划10分,满分为100分。

1. 每天见到他人时保持问候和微笑。　　　　　　　　　　　　　　(　　)
2. 和同学一起去打饭。　　　　　　　　　　　　　　　　　　　　(　　)
3. 比赛时为同伴加油。　　　　　　　　　　　　　　　　　　　　(　　)
4. 周末相约外出游玩。　　　　　　　　　　　　　　　　　　　　(　　)
5. 和陌生人相处无聊时也坚持不看手机。　　　　　　　　　　　　(　　)
6. 上台讲话没之前紧张。　　　　　　　　　　　　　　　　　　　(　　)
7. 主动组织班级活动。　　　　　　　　　　　　　　　　　　　　(　　)
8. 换了任课教师,照样能学好。　　　　　　　　　　　　　　　　(　　)
9. 受到挫折没有因此消沉。　　　　　　　　　　　　　　　　　　(　　)
10. 向他人介绍自己的成功经验。　　　　　　　　　　　　　　　 (　　)

当10个计划实施完毕,计算自己的总分数。如分数在70分以上,那么这个计划实施起来是顺利的,适应能力会不断加强。当分数在70分以下时,也不必焦虑,你需要坚持对照以上条目打分并设法提高分数,邀请周围的人观察自己的变化。

训练 3 特别的放松训练

以下练习,可以帮助你应对因环境引起的不适。你可以请同学或朋友配合完成,也可自己默念完成。找到适合的场所(在家可坐、可躺,在学校一定要坐下),独自一人训练时用第一人称,下面开始练习。

第一步:冥想前放松训练(肌肉放松+箱式呼吸)

指导语:

首先,进行身体绷紧的训练。现在你可以闭上眼睛(也可睁开眼睛),要放松身体,要让身体紧绷起来。好,过一会儿我会从5数到0,随着我每数一个数字,你都会绷紧身体的相应的部分,保持住,直到我说放松,你才让它放松下来。我在做放松引导时会说"放松"这两个字,这并不代表你马上放松了,它只代表你(闭着眼睛)身体完全放松的状态。

好,5,开始勾起脚尖,让小腿前侧的肌肉收缩。来,做深呼吸,吸气(箱式吸气4秒),勾起脚尖,绷紧-绷紧-绷紧(箱式憋气4秒)。好,呼气(箱式呼气4秒)……完全放松……完全放松,放松你的脚背,放松你的小腿,完全放松……完全放松(箱式呼吸等待4秒)。好,很好。

4,勾起脚尖,伸直大腿,让大腿前侧的股四头肌绷紧。好,做深呼吸,吸气(箱式吸气4秒)。绷紧大腿的肌肉,绷紧-绷紧-绷紧(箱式憋气4秒)。好,呼气(箱式呼气4秒)……完全放松……完全放松(箱式呼吸等待4秒),放松大腿的肌肉,完全放松……完全放松。好,做得很好。

3,夹紧臀部,臀大肌收紧,腹肌绷紧。好,做深呼吸,吸气(箱式吸气4秒),夹紧臀部,臀大肌绷紧,腹肌绷紧,绷紧-绷紧-绷紧(箱式憋气4秒)。好,呼气(箱式呼气4秒)……完全放松……完全放松(箱式呼吸等待4秒),放松臀部的肌肉,放松腹部的肌肉,完全放松……好,做得很好。

2,耸起双肩,缩起脖子。好,做深呼吸,吸气(箱式吸气4秒),耸起双肩缩起脖子,缩紧-缩紧-缩紧(箱式憋气4秒)。好,呼气(箱式呼气4秒)……完全放松……完全放松(箱式呼吸等待4秒),放松肩膀的肌肉,放松颈部的肌肉,完全放松……完全放松。好,做得很好。

1,伸直和绷紧手臂,做深呼吸,吸气(箱式吸气4秒),手臂伸直,整个手臂绷紧-绷紧-绷紧(箱式憋气4秒)。好,呼气(箱式呼气4秒)……完全放松……完全放松(箱式呼吸等待4秒),放松手臂的肌肉,完全放松……完全放松。好,做得很好。

0,让整个身体一起绷紧。好,做深呼吸,吸气(箱式吸气4秒)。好,整个身体一起绷紧-绷紧-绷紧(箱式憋气4秒)。好,呼气(箱式呼气4秒)……完全放松……完全放松(箱式呼吸等待4秒),全身都完全放松。

第二步:咒语式冥想

下面这些自我肯定的语句可以帮你缓解焦虑,找到强大的内心,增强对环境的适应能力,请一边听,一边默念:

我是从容的

我是聪明的

我是专注的

我是勇敢的

我是坚强的

我是有能力的

我是越挫越勇的

我能全力以赴

我能够化痛苦为力量

我能够化压力为力量

我能够化绝望为力量

我能够化一切为力量

我向我所相信的存在祈祷

请给我力量

给我力量

给我力量

让我发挥出最强的实力

获得我配得上的最好结果

我也祈祷

请给我平静

给我平静

给我平静

让我能从容地面对一切

【任务作业】

将训练3录制成视频,配合适的背景音乐,一遍一遍地练习,直至感觉良好并将视频与他人分享。

【任务拓展】

上网查找一个你认为对适应问题解决得不错的方法,将该方法介绍给你的同学,听听他(她)的看法。

模块三
人际心理训练：人际网

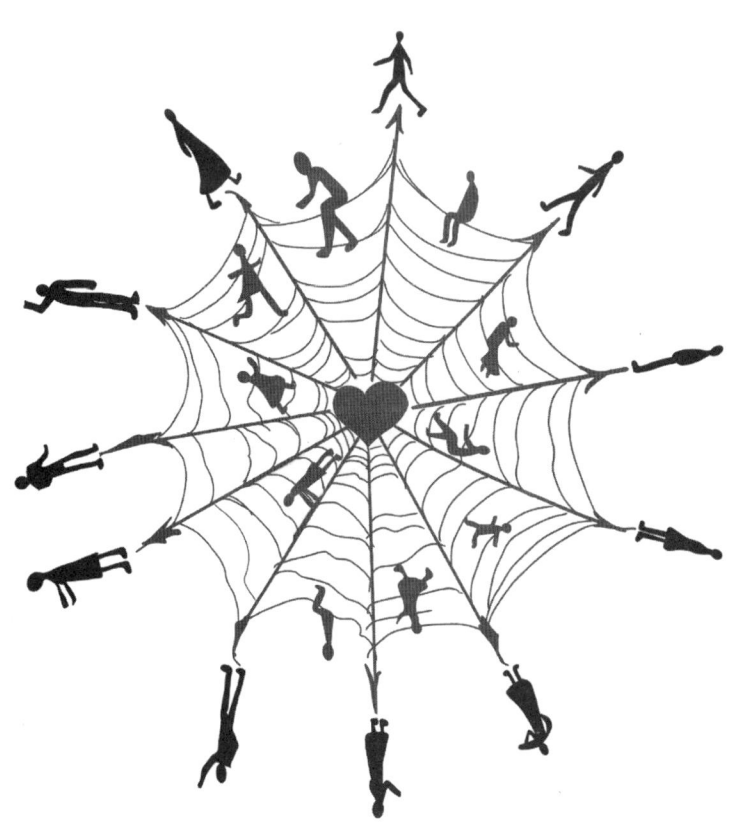

知识目标

1. 学习任务中蕴含的较丰富的人际关系知识元素。
2. 在测试部分,掌握家庭亲密度与适应性量表、人际关系自测量表、社交回避及苦恼量表的各种测试方法。
3. 通过学习,掌握人际交往心理训练的目的、步骤等要领,知晓人际交往的一些相关知识。

能力目标

1. 根据案例进行对比和反思。
2. 熟练运用人际交往各类心理测试量表,并用测试结果解释对自我和他人的觉察、分析。
3. 根据提示进行心理训练,逐步提高人际交往能力,解决存在的心理问题,增强人际吸引力。

思政目标

1. 了解自我与他人交往情况,减少矛盾与冲突,在人际互动中构建相互包容、和谐,"亲""清"的生生、师生关系。
2. 构筑心理正常发展,个性得到保持,自由、和谐、平等的幸福人际环境,真正达到心理育人和同辈育人的效果。

模块学时

1~2学时

模块导览

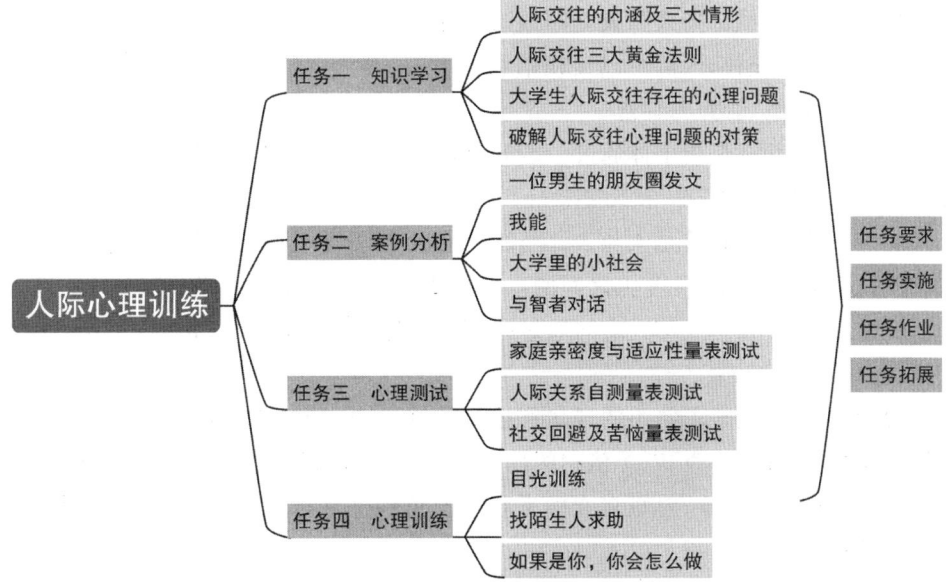

> **启智润心**
>
> 一个永远不去欣赏别人的人,也就是一个永远不会被别人欣赏的人。
>
> ——汪国真
>
> 想与所有人交友的人,不是任何人的朋友。
>
> ——普菲费尔
>
> 一个人永远不要靠自己一个人花100%的力量,而要靠100个人花每个人1%的力量。
>
> ——比尔·盖茨

任务一 知识学习

【任务要求】

了解人际交往的内涵,分析人际交往的心理及问题,寻找人际交往对策,掌握更多人际交往知识,会用人际交往知识服务自身心理健康发展。

【任务实施】

1. 了解人际交往的内涵及三大情形。
2. 学习人际交往三大黄金法则。
3. 分析大学生人际交往存在的心理问题。
4. 提出破解人际交往心理问题的对策。

知识点1 人际交往的内涵及三大情形

有人认为,人际交往是指人与人之间通过一定的接触在心理或行为上相互作用、相互影响的过程。通过人际交往,人们可以交换信息与思想,表达情感与需要,交流经验与技能,从而实现相互认识、理解、合作与促进。

有人认为,人际交往是指个体通过一定的语言、文字或肢体动作、表情等表达手段将某种信息传递给其他个体的过程。

有人认为,人际交往指的是人与人之间的互动与交流,也称人际关系,是人与人之间心理上的关系。人际交往表现为人与人之间的心理距离,反映着人们寻求满足需要的心理状态。

综上所述,人际交往是人与人之间通过一定方式的互动,满足心理需求,实现某种目的的动态过程。

进入大学,大学生离开了熟悉的环境和亲人的呵护,开始独立生活。他们强烈地渴望结交到能够互相帮助、互吐心声、互予信赖的朋友。有学者对当代大学生的需要进行研究,其结果表明大学生将求知的需要、自尊自立的需要和友情的需要排在前3位,可见当代大学生对人际交往的重视。

在大学,人与人之间的交往也不例外,都会出现人际吸引、人际排斥、人际冲突3种情形。

人际吸引是个体与他人之间情感上相互喜欢、相互需要、相互依赖的状态,是人际关系中的一种肯定形式。亲和是较低层次的人际吸引形式,喜欢是中等程度的吸引形式,爱是最强烈的人际吸引形式。

以下这些因素影响人际吸引。

(1)熟悉与邻近。熟悉能增加吸引的程度。此外,如果其他条件大体相当,人们会喜欢与自己邻近的人,如同乡之间、相邻班级同学之间、同专业同学之间都是可以增加良性互动的,正所谓近水楼台先得月。

(2)相似性。人们往往喜欢那些和自己相似的人。比如兴趣和爱好相似,消费观念相似,家庭背景相似,人生经历相似,相似的人能产生共同语言和归属感。

(3)互补性。当双方在某些方面看起来互补时,彼此的喜欢也会增加。两个性格不同的人,一个性格内向,另一个性格外向,一个快,另一个慢,他们也是可以相互吸引的。不同的人有不同的需求,这些需求之间可以相互补充(也就是各取所需),而这种需求的互补性可以成为人际吸引的一个重要影响因素。

(4)外貌。容貌、体态、服饰、举止、风度等个人外在因素在人际吸引中的作用也是不容忽视的。尤其是在交往的初期,好的外貌和举止容易给人留下良好的第一印象,人们往往会以貌取人,这就是心理学中的首因效应。人与人第一次交往中给对方留下的印象,会在对方的头脑中形成并占据着主导地位,这种效应属于首因效应。首因效应是一把"双刃剑",良好的第一印象能增加好感,不良的第一印象会对人际交往产生障碍。第一印象一经形成,将难以改变,具有刻板性。

(5)才能。才能一般会增加个体的吸引力,但如果这种才能太明显、与他人差距悬殊,对他人构成较大压力和威胁,让他人产生自卑和挫败感,那么才能不仅不会提升个体吸引力,反而可能降低吸引力。有才能的人如果犯一些"小错误",或者故意"放水",不那么要强,则会增加他们的吸引力。

(6)人格品质。人格品质是影响人际吸引力的最稳定因素,当外貌等第一印象作用逐渐减弱时,人格魅力的核心作用就会显现出来。因此,大学生应下功夫努力塑造优秀的人格品质,如心胸宽阔、忍耐、冷静、理智、随和、进取、谦虚、善良等。

人际排斥是人与人之间相互讨厌、回避、拒绝、冷漠的人际互动情形,表现为认识失调、情感冲突、行动矛盾等方面。人际排斥由人们认识层面的差异如先进与落后、正确与错误、公与私观念分歧、深与浅等矛盾引起;或因情感方面产生冲突,表现为互相厌恶,不能接受他人的情绪表达及行事风格,排斥异己文化和异己民族传统;或因行为上相互拆台、勾心斗角、争权夺利,面对彼此困境时袖手旁观等。人际排斥会形成互不相容的人际关系,如持续不良发展,会引起人际冲突。人际排斥双方会老死不相往来,也会相互拆台,还会让人痛苦绝望等。

人际冲突是一种人与人之间由于生活背景、习惯、风格、年龄、文化、观念、利益差异而产生的对立的状态,表现为2个或2个以上的相互关联的主体之间的紧张、不和谐、敌视,甚至争斗关系。美国著名的临床心理医生哈丽雅特·B.布瑞克和美国临床心理学家、人格理论家乔治·亚历山大·凯利将冲突划分为3个层次。第一层次是特定行为上的冲突,即对于某个具体问题存在不同意见。如对学生宿舍窗户是开还是关,甲、乙两人各持己见,各有偏好,甲喜欢开着窗户,认为这样空气新鲜;乙喜欢关窗户,认为这样可以避免噪声和灰尘。两人因此产生矛盾,关系一直不和。第二层次是关系原则或角色上的冲突,即双方在处理两个人的关系时,对各自的权利、义务有不同的理解。团支书和班长由于团务和班务性质不同,对在同一时间如何开展工作,团务和班务孰先孰后,意见不统一,甚至相互指责。第三层次是性格与态度上的冲突。这往往牵扯到双方人格与价值观的差异,因此是比较深层次的冲突。如正在热恋中的两人对超前消费持不同观点,男生主张量力而行,女生则主张提前消费,因此二人争执不断,最终不欢而散。再如,有的人喜欢对他人指指点点,有的人则很内敛,看不惯前者,长此以往会导致关系紧张并发生冲突。

知识点 2 人际交往三大黄金法则

法则一:像你希望别人如何对待你那样对待别人。艾利斯认为,违反了这个法则,人们就容易陷入不合理的认知当中,从而形成绝对化、片面化的思维。例如,有的人认为"我对待别人怎样,别人就得对我怎样。如果别人不如我意,我就会生气"。

法则二:遵循五大原则。

(1)尊重原则。包括尊重他人的人格、名誉、隐私、价值观、观点和生活方式等。我们不要试图强迫他人接受我们的观点或行为方式,正所谓"己所不欲,勿施于人",只有尊重别人才能获得别人的尊重。

(2)平等原则。人与人之间是平等的,这种平等囊括社会生活方方面面,但最基本的是人格平等。

(3)互惠原则。也即"我好,你也好",这样才能真正实现互利共赢,稳定的人际关系就是一种互惠的关系形态。"我好,你不好""我不好,你好""我不好,你不好"对稳定人际关系都是不利的。

(4)诚信原则。荀子认为:"言无常信,行无常贞,惟利所在,无所不倾,若是则可谓小人矣。"康德认为:"诚实比一切智谋更好,而且它是智谋的基本条件。"可见,大学生要想在人际交往中完善自我,诚信是根本。

(5)相容原则。相互宽容与体谅是人与人交往中能化解矛盾、隔阂、怨恨甚至仇恨的溶解剂。

法则三:3A 法则。1A,接受对方(accept),悦纳对方的优点与缺点;2A,重视对方(appreciate),欣赏对方的一切;3A,赞美对方(admire),肯定与无条件积极支持对方。

知识点 3 大学生人际交往存在的心理问题

大学生人际交往过程中存在的各种心理问题总结起来有以下几种。

(1)自我中心。以自我需求满足为标准进行人际交往,忽略他人的诉求,这是一种自私自利的不良交往心理。这种心理不利于发展人际关系。

(2)自卑心理。缺乏自信,办事无胆量,畏首畏尾,随声附和,没有自己的主见,经常被牵着走。由于没有胆量,因此在人际交往中缺乏主动性和自我展现,如果不进行调整,可能会失去一些良好的机会。自卑心理不利于发展人际关系。

(3)自负心理。自负的人在交往中通常表现为妄自尊大、盛气凌人,不高兴时会不分场合地乱发脾气,一点不考虑他人的感受,而且不愿和自认为不如自己的人交往。大学生自负心理和自我中心的问题常常紧密关联。自负心理不利于发展人际关系。

(4)嫉妒心理。嫉妒是在人际交往过程中对他人在家庭背景、学校地位、相貌、才能、学习、恋爱等方面比自己优越而产生的一种自惭、怨恨、幸灾乐祸的扭曲心理。这种心理会引起负面情绪,严重的会导致反社会行为。嫉妒心理是一种病态心理,每个正常的人都有过,女性较男性明显。嫉妒心理不利于发展人际关系。

(5)怯懦心理。大学新生涉世未深、阅历较浅,容易产生怯懦心理。怯懦心理分为与同性交往的怯懦和与异性交往的怯懦。怯懦心理背后是对交往的焦虑和恐惧,也可能和气质有一些关系,比如抑郁质的人会存在此种心理特点。怯懦心理不利于发展人际关系。

(6)盲目心理。大学生在人际交往时没有目的、没有选择性地滥交。调查数据表明,相当一部分学生认为,在大学人际交往中,朋友越多越好,宁愿多一个朋友,也不要多一个对手。有人委曲求全,放下自尊,无目的、无原则地结交所谓的"朋友",会导致滥交现象。滥交会降低交友质量,对人际关系造成不良影响。需要注意的是广交朋友不等于滥交,广交朋友是有标准、有选择性地结识他人,发展友谊。盲目心理不利于发展人际关系。

(7)猜疑心理。有这种心理的人喜欢用不信任的眼光打量别人和看待外界事物,暴露出内心的不安全感。这种不安全感也许和之前经历的一些事件有关,也可能源于自身的人格特质。猜疑心理不利于发展人际关系。

(8)孤独心理。孤独是独来独往、缺乏情感交流的心理状态。正常的人都会产生这种情感体验,内心孤独的人会有挫败感、消沉感,心境状态消极。然而这种体验并不一定是负面的,有时静下心来享受一下孤独也是对心理状况的梳理和反思。但是经常性地体验这种心理会引起自卑和焦虑,造成社交退缩。孤独心理不利于发展人际关系。

(9)虚荣心理。虚荣心是自尊心的过分表现,是一种追求虚表的性格缺陷,是人们为了取得荣誉和引起普遍的注意而表现出来的社会情感和心理状态。虚荣心理与盲目心理、自卑心理、嫉妒心理有一定联系。虚荣心理主要表现为盲目攀比,过分看重别人的眼光和评价,表现欲强,有强烈的攀比心、嫉妒心等。"死要面子活受罪"就是这种心理和行为的真实写照。虚荣心理会为人际关系发展带来不良影响。

(10)游戏心理。有的人把交朋友当作逢场作戏,朝秦暮楚,见异思迁,处处应付,爱吹牛,喜欢标榜自己朋友多而且其中有很多厉害的人。还有的人与人交往抱着玩玩的心态,没有投入感情,不真诚。这样的人际交往不长久,关系不稳定。持这种心理的人一般没有感情深厚的朋友。游戏心理不利于发展人际关系。

知识点 4　破解人际交往心理问题的对策

想在大学里觅得知音,确实不容易,正所谓冰冻三尺,非一日之寒,良好的同学关系、舍友关系、老乡关系、师生关系是需要多方共同经营的,并非一两天或几个月就能交到知心朋友。部分同学在大学 4 年时光中找不到知己。来自不同地方、不同家庭的同学,即使住同一个宿舍,在同一个班级学习,参加同一个兴趣社团,依然具有不同的性格、不同的习惯和不同的追求。大学生大多已是成年人,在大多数情况下,理性交往是主要的交往风格。

人有两种动机,即趋利动机和避害动机。大多数理性的人会比较智地选择对自我有利的对象进行交往,而避开那些对自己没有好处,没能给自己带来愉快、满足感的人。因此,那些内向、自卑、孤僻、缺乏自我表现技能的人,就不容易被发现,也不具备人际吸引力。而且这种类型的人不具有人际互动主动性,积极因子也不会表现得充足。当然,那些具有人际交往积极因子的人,也并非就有满意的人际关系。调查表明,绝大多数大学生对自己的人际状态不满意。解决好人际关系中的心理问题,对于大学生心理健康发展,奠定幸福人生基石至关重要。下面介绍两个方面的调整策略供大家参考。

1. 调整认知

(1)正确认识自我,正确处理自我与他人、自我与环境的关系。悦纳自我及他人,调适自卑心理,建立自信心,学会适应和不同的人交往,在"茫茫人海"中收获友谊和爱情。

(2)正确运用乔哈里视窗,选择合理的开放区域和秘密区域,适度主动暴露自我,让他人有机会走进和了解自我,缓解孤独感和自我封闭状态,积极与他人沟通交流。

(3)相互欣赏,互相取长补短。当双方的需要以及期望正好成为互补关系时,就会产生强烈的吸引力,从而促成良好的人际关系。

2. 调整情绪

大学生人际交往常常带有很浓的情绪情感色彩,消除不合理的负面情绪,建立积极正面的情绪很重要。首先,要察觉自卑、怯懦、嫉妒等不良情绪;其次,选择合适的方法调节情绪。如在人际交往中发现自己不敢与人交往时,可以去心理咨询中心寻求帮助,也可以向好友倾诉。如人际交往中产生了嫉妒情绪,可以进行合理宣泄,也可以为自己树立稳定的学习、生活目标,并转移注意力为之奋斗,提升自我满足感。

【任务作业】

在智慧树或哔哩哔哩找大学生"人际交往"教学视频,与大家分享你对"大学生人际交往"的有关知识的理解。

【任务拓展】

了解 PAC 人际交往知识

PAC 理论又称为相互作用分析理论、人格结构分析理论、交互作用分析理论、人际关系心理分析理论,是由加拿大心理学家埃里克·伯恩于 20 世纪 50 年代在《大众游戏》(*Game People Play*)一书中提出的一种心理治疗和人际交往理论。

PAC理论认为,个体的人格结构由3种自我状态组成,即父母自我状态(parent ego state)、成人自我状态(adult ego state)、儿童自我状态(child ego state),简称PAC。

父母自我状态(P)以权威自居,通常表现为命令、训斥、责骂、控制等家长制作风。当一个人的人格结构中P成分占优势时,其行为表现为独断专行,指责控制。讲话方式为"你应该……""你不应该……""你不能……""你必须……""我要求你现在……"。

成人自我状态(A)表现为注重事实和善于进行客观理智的分析。处于成人自我状态时,人们能从过去存储的经验中估计各种可能性,然后做出决策。当一个人的人格结构中A成分占优势时,行为表现为待人接物冷静、慎思明断,尊重别人,包容别人。讲话方式为"我个人的想法是……""你说的也许是对的""我理解你的处境""我希望下次会更好"。

儿童自我状态(C)会表现出婴幼儿般的冲动,表现为服从、幼稚和任性,一会儿惹人喜爱,一会儿随意发火。当一个人的人格结构中C成分占优势时,其行为表现为幼稚,遇事退缩,感情用事,喜怒无常,任性和以自我中心。讲话方式为"我猜想……""我不知道……""我就要"。

PAC人际交互表现为两种形式:第一种是平行互动,第二种是交叉互动。

根据PAC理论分析,如果人们交往时的互动心态有时是平行的,如父母状态—父母状态、成人状态—成人状态、儿童状态—儿童状态,则互动会持续下去。若交叉互动,出现父母状态—成人状态、父母状态—儿童状态、成人状态—儿童状态时,人际交流就会受到影响,信息沟通就会出现问题。

1. 平行型

这是一种互补的沟通,符合正常的人际关系,也是人们在交往中期待的交往反应。它可以发生在任何两种自我状态之间,但必须符合以下2项标准:①反应必须是来自刺激所指向的同样的自我状态;②反应必须是指向发出刺激的那个自我状态。

(1)PP对PP型。在这种类型中,甲乙双方都表现出一种颐指气使的武断。示例如下:

甲方说:"你把这任务完成一下。"

乙方说:"你看不见我正忙着吗?找别人干去吧!"

(2)AA对AA型。在这种沟通类型中,双方都能以理智的态度对待对方。示例如下:

甲方问:"你能把这项任务完成吗?"

乙方说:"如果没有什么干扰,我想是能够的。"

(3)CC对CC型。在这种类型中,甲乙双方都易诉之于感情。示例如下:

甲方说:"过不到一起干脆分手。"

乙方答:"分就分,谁怕谁呢!"

2. 交叉型

当平行型交互作用的1项或2项标准被违背时,就会发生交叉型交互作用。交叉型交往常常不能获得预期的反应,这样,交流信息就会变味。

(1)PC对CP型。在这种交流类型中,甲乙双方表现出权威和服从的行为,即甲方以长者自居对待乙方,乙方亦能服服帖帖或不以为然。示例如下:

甲方作为信息发出一方对乙方说:"这作业完不成要受批评。"

乙方作为另一方回答:"真完不成,我甘愿接受惩罚。"

(2)CA 对 AC 型。在这种交流类型中,一方表现出小孩子脾气,而另一方则表现出有理智的行为。这种交往方式在同事之间、夫妻之间经常出现,当然恋人之间也会存在这种交往状态。

(3)AP 对 PA 型。在这种交流类型中,学生甲表现得有理智,但又担心自己控制不住自己。为此,学生甲经常要求学生乙担任 P 的角色,起到对甲方的监督和防范作用。示例如下:

甲说:"这次评优秀,可能有我吗?"

乙说:"你学习退步那么多,还想评优秀?"

(4)AA 对 PC 型。在这种交流类型中,学生甲要求学生乙冷静对待他,但学生乙则以指责等方式对待学生甲。

(5)AA 对 CP 型。在这种交流类型中,学生甲讲理智,而学生乙却表现出任性、幼稚和感情用事。在人际交往中常出现这种交往方式。

(6)PC 对 PC 型。在这种交流类型中,一方采取命令式交流方式,而另一方不服,也采取同样方式回敬。这种交流方式必然会引起矛盾冲突。这种交往方式经常出现在同宿舍、同班级的同学之间,或不同学生社团之间。

(7)CP 对 CP 型。在这种交流类型中,双方都把对方当作权威看待而表现出一种服从的意向,这种交流方式在同事和朋友之间经常出现。

【知识链接】

如何进行交流互动才能改善人际关系呢?

交往的改善:从交叉型转变为平行型。

具体做法:在人际交往中把自己的情感、思想、举止控制在成人状态(A),以成人的语调、姿态对待别人,给对方以成人刺激,同时引导对方也进入成人状态(A),做出成人反应,那就有利于建立互信、互助关系,保持交往关系。

任务二 案例分析

【任务要求】

阅读案例,指出案例反映的问题,分析其中事实和原因,有条不紊地开展讨论交流。讨论时正确表达自己的观点,吸收不同观点,在分析案例中逐步修正人际交往策略,发展稳定良好的人际关系。

【任务实施】

对 4 个案例进行分析并从不同角度展开讨论。

案例 1

一位男生的朋友圈发文

人生是一场漫长的修行,在这场修行中会有许许多多的问题,我们要有正视自己存在问题的勇气,也要有改变自己的决心和毅力。大一时的我性格比较内向,不怎么与人交流,除了本班同学外,朋友较少,社会交际能力弱。每当我看到别人能和不认识的人欢声笑语、侃侃而谈时,我的内心是多么渴望能像他们一样。其实我很想交朋友,但却无法迈出那一步,不敢与人交流,缺乏自信。在这件事情上,我往往是被动地等他人来了解自己、和自己交流,不会主动去了解别人、与人交流。后来,我通过积极自我暗示来改变自己,每当与陌生人交流时,我会在心里不断地暗示自己"我可以的""我能很好地与他人交流""能与他人成为朋友"。慢慢地,我不再像以前那样内向,虽然不能与他人侃侃而谈,但也能与他人主动交流,想要去了解对方。这让我不再像以前那样感到孤独,而是感受到了与人交流的乐趣和有朋友的快乐。希望未来的我能不断加强自己的社交能力,成为一个积极向上、乐观开朗,善于表达自己内心想法的人。

分析与讨论

这位男生在人际交往中遇到了什么困难?他通过什么方法来改善不良的人际体验?他现在的心理状态是怎样的?

案例 2

我　能

光阴似箭,岁月如梭,从呱呱坠地的婴儿到如今的大学生,我的心理发生了很多变化,从内向到开朗,从不爱说话到能跟别人侃侃而谈。时间在变,我的心理也在变。

小时候,我是一个内向不爱说话的小孩,有些亲戚甚至叫我哑巴。那个时候的我不爱跟陌生人说话,喜欢自己一个人待着,看风景,观察别人。那时候我也希望像别人一样跟他人侃侃而谈,不拘谨,落落大方。那时候我总是会脸红,面对课堂上老师提出的问题,我一定要在私底下做好充分的准备才敢站起来回答。在被老师夸奖或批评时,我时常会脸红,心跳加快。为了解决自己的这个问题,我积极参加活动,锻炼自己。虽然现在还有一点这样的交际反应,但我相信自己在人际交往时状态会越来越好的。

高中时,我深刻感受到自己与父母关系平淡。以前读书的学校离家近,没有太大的感受。长大了,学校远了,平时基本回不了家,只有在节假日的时候才回家一次。有时候我也会很想父母,但是跟父母视频时就不知道思念从何表达,感觉见到他们的那一刻,思念就烟消云散了。看着室友们跟父母经常亲昵地对话,我就特别羡慕,我也想跟父母那样交流。可能因为我家孩子多,父母管不过来,又或者因为我是姐姐带大的,我总感觉跟父母感情不是很深。唉!正因为如此,我特别想改变这种局面,但是做过的努力好像也没有发挥多大的作用,可能这就是我们的相处模式吧!

还有一件事困惑着我。我感觉跟异性相处有点不自在。我不喜欢跟异性玩,感觉相处不自在。我喜欢跟女生玩,从小围绕在身边的朋友以女性居多,反而很少与男生相处,甚至不知道应该怎样相处。每次跟男生说话,我的表面虽然很淡定,一丝不乱,但其实内心感觉相当不自在。有时逼自己跟他们说话,却没有话题,然后就会在心里告诉自己,跟他们交流好像没意思。但是现在好像有所改善了,我会主动跟男生交流,会与他们一起完成作业,好像没有像以前一样那么排斥异性了。或许我可以做得更好,也可以像别人一样交谈时落落大方,是的,一定能的!

📚 **分析与讨论**

家庭在影响个体人际关系发展过程中起到什么作用?如何建立和维护和谐温馨的家庭关系?

案例 3

大学里的小社会

一名大一理科男生K,来自农村,家庭条件一般,身高1.7m,标准外表,平时沉默寡言,不爱与人交流。由于来自比较偏远的农村,与人说话时带有浓厚的乡音,旁人要费好大的劲才能听懂他想表达的意思。之前和他同住的3个男生均来自同一地区,其中一个男生(小P)个性比较强,对人对己要求比较高,爱钻研一些专业问题,无不良习惯。新学期开学1个月,辅导员接到一个电话,那头声音颤抖而激动,称他和同宿舍的舍友住不下去了。"早上因噪声问题被K吵醒了,说他几句还不得了,骂我爹娘,还想拿甩棍威胁我。我报警了,让警察来处理这个问题吧,我的人身已经不安全了,请你们快来。"辅导员通知班长,一起火速赶到宿舍,报警的同学小P已经离开了宿舍,剩下K和另一个正在睡觉的男生。不久后,民警进入校园,协同调解二人矛盾,经过大家的调解,K认识到了自己大声打电话、晚睡的特殊习惯已经影响到他人休息,造成他人埋怨,而自己又没有心平气和地向对方道歉,所以才惹怒对方。而小P也认识到自己有不对的地方,比如同宿舍的人肯定会有不同的生活习惯,彼此影响在所难免,需要相互体谅和宽容。最后两人握手言和,但两人对处理结果的接受过程都有些牵强,第二天在宿管的协助下,K被调到另一间宿舍,同宿舍的有同班同学1名,另1名同学(L)是其他专业。4个月后班主任收到同宿舍其他专业同学L的微信,请老师帮忙做一下K的思想工作,请K尊重一下同宿舍的同学,改一改影响他人休息的习惯,在他人休息时不要大声打电话,不要太早洗头,冲水小声点,还有宿舍卫生应该轮流打扫,共同的宿舍共同维护。从L的微信信息中可见,L对K的作息习惯已经有较深的抱怨。班主任和辅导员当时找到K了解情况,K认可这种情况,表示会逐步改掉这些习惯。就在3个星期后,班主任微信又响了,L发来了一段文字,说他已经无法忍受K,两人已经在宿舍发生过争吵,有了几次冲突,K很激动,还骂人,甚至还想动手,但最后还是没有动手。再这样下去,恐怕还会有更大的矛盾冲突。班主任、辅导员、系主任进行了宿舍走访,从明事理到讲感情,从尊重到换位思考,该说的都说了,煞费苦心。对于老师的劝解,两人频频点头表示认可。一周后,辅导员微信响了,K发来一条微信,说:"如果同宿舍的人在背后说我的坏话,诋毁自己的名声,可以到检察院起诉他吗"?看到这条消息,辅导员心头一揪,眉毛紧锁,表情难看……

📚 **分析与讨论**

小K在不同宿舍遇到了什么问题呢?对照小K,大家检视自己,在宿舍中有没有遇到类似的问题？请大家分组讨论如何爱护宿舍这个"家"。

案例 4

与智者对话

一位少年去拜访智者。他问："我如何才能变成一个自己愉快也能让别人愉快的人呢？"智者笑了笑，对这位少年说："孩子，在你这个年龄有这样的愿望已经很难得了。我送你4句话。第一句话是，把自己当成别人。你能说说这句话的含义吗？"少年回答："是不是说，在我感到痛苦忧伤的时候，就把自己当成别人，这样痛苦就自然减轻了；当我欣喜若狂之时，把自己当成别人，那些狂喜也会变得平和中正一些。"智者微微点头，接着说："第二句话，把别人当成自己。"少年沉思一会儿，说："这样就可以真正同情别人的不幸，感同身受，理解别人的需求，并且在别人需要的时候给予恰当的帮助。"智者两眼发光，继续说道："第三句话，把别人当成别人。"少年说："这句话的意思是不是说，要充分地尊重每个人的核心领地？"智者哈哈大笑说："很好，很好。第四句话，把自己当成自己。这第四句话理解起来太难了，留着你以后慢慢品味吧。"少年说："这4句话之间有许多自相矛盾之处，我用什么才能把它们统一起来呢？"智者说："很简单，用一生的时间和经历（第四句话是总结上面的）。"少年沉默了很久，然后叩首告别。后来少年变成了壮年人，又变成了老人。再后来在他离开这个世界很久以后，人们都还时时提到他的名字。人们都说他是一位智者，因为他是一个愉快的人，而且也给每一个见到过他的人带来了愉快。

> **分析与讨论**

请和小组内成员用以上"4句话"进行对话。对话结束，谈一谈对这4句话的认识。

【任务作业】

小组内讨论如何"把自己当成自己"，举出实例。讨论完，各组依次发言。

【任务拓展】

想必大家在人际交往中都有一些困惑和收获吧。现在请大家匿名将困惑和收获写出来。老师收齐，贴在墙上或发课程群，请大家给出一些建议和评论。

任务三　心理测试

【任务要求】

认真阅读测试要求，根据自己的第一感觉，实事求是地完成测试，并对测试计分解释了然于心，以平静心态看待测试及其结果。

【任务实施】

完成家庭亲密度与适应性量表、人际关系自测量表和社交回避及苦恼量表。

测试 1　家庭亲密度与适应性量表测试

家庭亲密度与适应性量表

指导语:这里共有 30 个关于家庭关系和活动的问题。该问卷所指的家庭是指与你共同食宿的家庭。回答时有如下 5 个不同的答案"不是""极少""有时""经常""总是",请在每一问题后面的表格中,按照问题所描述的情况的符合度打"√"。请你不要有什么顾虑,认真按你自己的意见回答每一个问题。如果你对某个问题的答案无法确定的话,请你尽量估计回答。

序号	问题描述	选项				
		不是	极少	有时	经常	总是
1	在有难处的时候,家庭成员都会尽力相互支持。					
2	在我们的家庭中,每个成员都可以随便发表自己的意见。					
3	我们家的成员比较愿意与朋友商讨个人问题,而不太愿意与家人商讨。					
4	每个家庭成员都参与做出重大的家庭决定。					
5	所有家庭成员聚集在一起进行活动。					
6	晚辈对长辈的教导可以发表自己的意见。					
7	在家里,有事大家一起做。					
8	家庭成员一起讨论问题,并对问题的解决感到满意。					
9	家庭成员与朋友的关系比家庭成员之间的关系更密切。					
10	在家庭中,我们轮流分担不同的家务。					
11	家庭成员之间都熟悉每个成员的亲密朋友。					
12	遇到事情时,家庭平常的生活习惯和规矩很容易根据需要改变。					
13	家庭成员自己要作决定时,喜欢与家人一起商量。					
14	家庭中出现矛盾时,成员间相互谦让取得妥协。					
15	在我们家,娱乐活动都是全家一起参加。					
16	在解决问题时,孩子们的建议能够被接受。					
17	家庭成员之间的关系是非常密切的。					
18	我们家的管教是合理的。					
19	在家中,每个成员习惯单独活动。					
20	我们家喜欢尝试不同的办法去解决遇到的问题。					
21	家庭成员都能按家庭所做的决定去做事。					
22	在我们家,每个成员都分担家庭义务。					
23	家庭成员喜欢在一起度过业余时间。					

续表

序号	问题描述	选项				
		不是	极少	有时	经常	总是
24	家里人想改变家庭的生活习惯或规矩时,最终还是难以改变。					
25	家庭成员都很主动向家里其他人谈自己的心里话。					
26	在家里,家庭成员可以随便提出自己的要求。					
27	在家中,每个家庭成员的朋友都会受到极为热情的接待。					
28	家庭产生矛盾时,家庭成员会把自己的想法藏在心里。					
29	在家里,我们更愿意分开做事,而不太愿意和全家人一起做。					
30	家庭成员乐于谈论彼此的兴趣和爱好。					

【任务作业】

学习量表使用方法,了解自己的家庭亲密度和适应性情况,提出应该调整的地方。

【测试简介】

"家庭亲密度与适应性量表"第二版(FACES Ⅱ)于1982年由戴维·H.奥尔森等人编制。我国学者费立鹏等人结合中国文化背景影响下中国家庭的实际情况对量表稍加修改并编制成"家庭亲密度与适应性量表"中文版(FACES Ⅱ—CV)(第三次修订)。该量表为自评量表,包括2个分量表,共有30个问题,大约需25分钟完成。FACES Ⅱ主要评价2个方面的家庭功能:①亲密度(cohesion),即家庭成员之间的情感联系;②适应性(adaptability),即家庭体系随家庭处境和家庭不同发展阶段出现的问题而相应改变的能力。每个答案分为5个等级,参试者的回答代表该项目所描述的状况在其家庭出现的程度。对这30个问题参试者要回答2次,一次是对自己家庭现状的实际感受,另一次是自己所希望的理想家庭状况。

【计分方法】

FACES Ⅱ—CV中30个问题的答案得分为1~5分:"不是"为1分,"极少"为2分,"有时"为3分,"经常"为4分,"总是"为5分。

亲密度得分 $= 36 + I \sim 1 + I \sim 5 + I \sim 7 + I \sim 11 + I \sim 13 + I \sim 15 + I \sim 17 + I \sim 21 + I \sim 23 + I \sim 25 + I \sim 27 + I \sim 30 - I \sim 3 - I \sim 9 - I \sim 19 - I \sim 29$

适应性得分 $= 12 + I \sim 2 + I \sim 4 + I \sim 6 + I \sim 8 + I \sim 10 + I \sim 12 + I \sim 14 + I \sim 16 + I \sim 18 + I \sim 20 + I \sim 22 + I \sim 26 - I \sim 24 - I \sim 28$

"I~X"表示第X条项目的得分。

【得分解释】

亲密度与适应性的实际感受和理想状况的得分是分开计算的。实际感受与理想状况的得分之差的绝对值表示对家庭亲密度和适应性的不满程度,差异越大,不满程度越高。使用对照各组参试家庭实际亲密度与适应性的均数和标准差可将所有参试家庭区分为"拱极模式"中的16种家庭类型。如一个参试家庭适应性得41分、亲密度得65分,其家庭即为"僵硬—亲密型";而适应性得53分、亲密度得58分的参试家庭类型则为"灵活—自由型"。16种家庭类型中的4个类型称为"平衡型",最偏离正常程度的4个类型称为"极端型",剩下的8个类型则称为"中间型"。

家庭类型划分表

适应性	亲密度			
	松散 (55分以下)	自由 (55~63.9分)	亲密 (63.9~71.9分)	缠结 (71.9分以上)
无规律 (57.1分以上)	极端型	中间型	中间型	极端型
灵活 (50.9~57.1分)	中间型	平衡型	平衡型	中间型
有规律 (44~50.9分)	中间型	平衡型	平衡型	中间型
僵硬 (44分以下)	极端型	中间型	中间型	极端型

测试2 人际关系自测量表测试

人际关系自测量表

指导语:人际交往中的不良心理往往是由人们的人际交往能力不足引起的。在人际交往中,人际关系的好坏可以看出你的人际交往能力的强弱。下面的测试题是人际关系的简易自测题,请你仔细阅读以下16个问题。每一个问题后面有A、B、C三种答案,请你按照自己的真实情况任选其一。

1. 在人际关系中,我的信条是(　　)。

A. 大多数人是友善的,可与之为朋友

B. 人群中有一半是狡诈的,一半是良善的,我将选择良善者而交友

C. 大多数人是狡诈虚伪的,不可与之交友

2. 最近我新交了一批朋友,这是(　　)。

A. 因为我需要他们

B. 因为他们喜欢我

C. 因为我发现他们很有意思,令人感兴趣

3. 外出旅游时,我总是(　　)。

A. 很容易交上新朋友

B. 喜欢一个人独处

C. 想交朋友,又感到很困难

4.我已经约定要去看望一位朋友,但因为太累而失约了,在这种情况下,我感到( )。

A.这是无所谓的,对方肯定会谅解我

B.有些不安,又总是在自我安慰

C.很想了解对方是否对自己有不满意的情绪

5.我结交朋友的时间通常是( )。

A.数年之久

B.不一定,合得来的朋友能长久相处

C.时间不长,经常更换

6.一位朋友告诉我一件极有趣的个人私事,我是( )。

A.尽量为其保密,不对任何人讲

B.根本没有考虑过要继续扩大宣传此事

C.当朋友刚一离去随即与他人议论此事

7.当我遇到困难时,我( )。

A.通常是靠朋友解决的

B.要找自己可信赖的朋友商量办

C.不到万不得已决不求人

8.当朋友遇到困难时,我觉得( )。

A.他们大都喜欢来找我帮忙

B.只有那些与我关系密切的朋友才来找我商量

C.一般都不愿意来麻烦我

9.我交朋友的一般途径是( )。

A.经过熟人的介绍

B.在各种社交场所

C.必须经过相当长的时间,并且还相当困难

10.我认为选择朋友时,最看重的品质是( )。

A.具有能吸引我的才华

B.可以信赖

C.对方对我感兴趣

11.我给人们的印象是( )。

A.经常会引人发笑

B.经常启发人们去思考

C.和我相处时别人会感到舒服

12.在晚会上,如果有人提议让我表演或唱歌,我会( )。

A.婉言谢绝

B.欣然接受

C.直截了当拒绝

13.对于朋友的优点和缺点,我喜欢(　　)。

A.诚心诚意地当面赞扬他的优点

B.诚实地对他提出批评意见

C.既不奉承,也不批评

14.我所交的朋友(　　)。

A.只能是那些与我的利益密切相关的人

B.通常能和任何人相处

C.有时愿与同自己相投的人和睦相处

15.如果朋友和我开玩笑(恶作剧),我总是(　　)。

A.和大家一起笑

B.很生气并有所表示

C.有时高兴,有时生气,依自己当时的情绪和情况而定

16.当别人依赖我的时候,我是这样想的(　　)。

A.我不在乎,但我自己却喜欢独立于朋友之中

B.这很好,我喜欢别人依赖我

C.要小心点!我愿意对一些事物的稳妥可靠保持冷静清醒的态度

【任务作业】

学会使用人际关系自评量表,和同学讨论如何处理人际关系不稳定、不融洽情况。

【评分方法】

根据你所选定的答案,找出相应的分数,将16个题的得分数累加起来。这个总分数大致可以评定你的人际关系是否融洽。

1. A.3;B.2;C.1
2. A.1;B.2;C.3
3. A.3;B.2;C.1
4. A.1;B.3;C.2
5. A.3;B.2;C.1
6. A.2;B.3;C.1
7. A.1;B.2;C.3
8. A.3;B.2;C.1
9. A.2;B.3;C.1
10. A.3;B.2;C.1
11. A.2;B.1;C.3
12. A.2;B.3;C.1
13. A.3;B.1;C.2
14. A.1;B.3;C.2
15. A.3;B.1;C.2
16. A.2;B.3;C.1

【得分解释】

如果你的总分在 38~48 分之间,说明你的人际关系是很融洽的,在广泛的交往中你是很受众人喜欢的。

如果你的总分在 28~37 分之间,说明你的人际关系并不稳定,有相当数量的人不喜欢你。如果你想受人喜爱,还得付出更多的努力。

如果你的总分在 16~27 分之间,说明你的人际关系是不融洽的,你的交往圈子确实是太小了,很有必要扩大你的交往范围。

测试 3 社交回避及苦恼量表测试

社交回避及苦恼量表

指导语:请根据您的实际情况,在下面每个条目上选择"是"或"否",不用花多久时间思考,根据自己的感觉回答。

题目编号	题目名称	选项	
1	即使在不熟悉的社交场合里我仍感到放松。	是	否
2	我尽量避免迫使自己参加交际应酬的情形。	是	否
3	我同陌生人在一起时很容易放松。	是	否
4	我并不特别想去回避人们。	是	否
5	我通常发现社交场合令人心烦意乱。	是	否
6	在社交场合我通常感觉平静及舒适。	是	否
7	在同异性交谈时,我通常感觉放松。	是	否
8	我尽量避免与他人讲话,除非特别熟。	是	否
9	如果有同新人相会的机会,我会抓住的。	是	否
10	在非正式的聚会上如有异性参加,我通常感到焦虑和紧张。	是	否
11	我与陌生人在一起时通常感到焦虑,除非与他们特别熟。	是	否
12	我与一群人在一起时通常感到放松。	是	否
13	我经常想离开人群。	是	否
14	置身于不认识的人群中时,我感到不自在。	是	否
15	初次遇见某些人时,我通常是放松的。	是	否
16	被介绍给他人使我感到紧张而焦虑。	是	否
17	尽管满房间都是生人,我可能还是会进去的。	是	否
18	我会避免走上前去加入一大群人中。	是	否
19	当老师想同我谈话时,我很高兴与他谈话。	是	否
20	当与一群人在一起时,我通常感觉忐忑不安。	是	否

续表

题目编号	题目名称	选项	
21	我喜欢躲开人群。	是	否
22	在网上或社交聚会上与人们交谈对我来说不成问题。	是	否
23	在一大群人中间,我极少能感到自在。	是	否
24	我经常想出一些借口以回避社交活动。	是	否
25	我有时充当为人们相互介绍的角色。	是	否
26	我尽量避开正式的社交场合。	是	否
27	我通常参加我所能参加的各种社会交往,不管是什么社交活动,我一般是能去就去。	是	否
28	我发现同他人在一起时放松很容易。	是	否

【任务作业】

学习使用该量表,简要分析自我人际关系苦恼和回避的情况。

【测试简介】

本量表共有 28 道题目,由回避和苦恼 2 类题项组成,社交回避及苦恼分别指回避社会交往的倾向及身临其境时的苦恼感受。回避是一种行为表现,苦恼则为情感反应。

社交回避分量表:2、4、8、9、13、17、18、19、21、22、24、25、26、27 共 14 个条目,反映社会交往时的行为表现,主要表现在倾向于一个人独处,不喜欢或者不愿意与其他人进行交流。

社交苦恼分量表:1、3、5、6、7、10、11、12、14、15、16、20、23、28 共 14 个条目,反映社交苦恼,是在亲自参加社会交往时的情感反应,感到痛苦烦恼,非常不舒服。

【计分方法】

在 2、5、8、10、11、13、14、16、18、20、21、23、24、26 中回答"是"得 1 分,而在 1、3、4、6、7、9、12、15、17、19、22、25、27、28 中回答"否"得 1 分。

【得分解释】

回避分量表的分数分析如下。

分数低于 7 时,表示个体表现正常,没有这方面问题。

分数高于等于 7,但低于 10 时,则表示个体在这方面可能存在一定程度的问题,需要接受专业人员的进一步检查。

分数高于等于 10 时,则表示存在这方面的问题,需要接受专业的帮助。

苦恼分量表的分数分析如下。

分数低于 8 时,表示个体表现正常,没有这方面问题。

分数高于等于 7,但低于等于 11 时,则表示个体在这方面可能存在一定程度的问题,需要接受专业人员的进一步检查。

分数高于等于 11 时,则表示存在这方面的问题,需要接受专业的帮助。

总分分析如下。

分数低于 13 时,表示个体表现正常,没有这方面问题。

分数高于等于 13,但低于 18 时,则表示个体在这方面可能存在一定程度的问题,需要接受专业人员的进一步检查。

分数高于等于 18 时,则表示存在这方面的问题,需要接受专业的帮助。

【任务拓展】

根据测试结果,先画一个家庭关系亲疏图,接着再画一个宿舍关系亲疏图,边画边感悟你与他们的关系现状,思考有什么话想对他们说。

示例

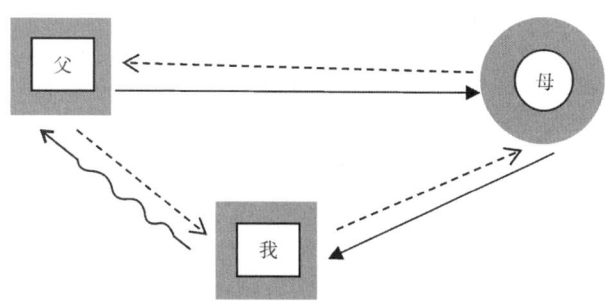

方框代表父亲,圆圈代表母亲,虚线代表家庭成员关系疏远,实线代表家庭成员关系亲密,波浪线代表家庭成员关系处于冲突状态。

现在开始画属于你自己的关系亲疏图吧,如想与大家分享,那就开诚布公与大家畅谈,如不想公开也没有关系,慢慢察悟。

任务四　心理训练

【任务要求】

认真阅读以下心理训练的活动要领和步骤,熟悉训练活动的开展过程,训练过程中全身心参与,认真体验并领会人际交往、人际互动的真正含义,通过人际互动建立稳定和谐的人际交往关系。

【任务实施】

完成训练 1、训练 2、训练 3 的任务内容。

训练 1　目光训练

找到一个同伴,用"倒三角形"目光注视对方 15 秒。具体操作:将对方面部划分为一个以眉毛为底线、下巴为顶点的等边倒三角形,将目光注视到这个倒三角形区域,散点柔视,这样目光不会与对方目光直接接触,避免紧张和尴尬,有时也可直接注视对方鼻尖(倒三角形中心)。每组练习 15 秒,重复 3 组。

训练2 找陌生人求助

首先定一个目标,思考需要从陌生人那里获得什么。其次,两人一组分头行动,一人拍摄记录,另一人完成向陌生人求助的任务。需要前往操场、图书馆、食堂、教学楼等寻找一个陌生人,和陌生人说明目的,请求帮助,比如请他(她)留言、合照等。目标达到,任务即完成。

训练3 如果是你,你会怎么做

情境1:你和一位处得较好的同学出双入对,无话不说。可是周末,他过生日,约了几个同学一起过,但是没有邀请你。

你当时的想法:＿＿＿＿＿＿＿＿＿＿＿＿＿＿＿＿＿＿＿＿＿＿＿＿＿＿＿＿＿＿＿

冷静下来后的想法:＿＿＿＿＿＿＿＿＿＿＿＿＿＿＿＿＿＿＿＿＿＿＿＿＿＿＿＿＿

情境2:同班同学甲与你相遇,你准备上前打招呼,他没有理你,而是和其他同学有说有笑径直走向图书馆。

你当时的想法:＿＿＿＿＿＿＿＿＿＿＿＿＿＿＿＿＿＿＿＿＿＿＿＿＿＿＿＿＿＿＿

冷静下来后的想法:＿＿＿＿＿＿＿＿＿＿＿＿＿＿＿＿＿＿＿＿＿＿＿＿＿＿＿＿＿

情境3:同班一同学把你堵住,突然问你是不是在背后说他坏话,让你给个说法,否则和你没完。

你当时的想法:＿＿＿＿＿＿＿＿＿＿＿＿＿＿＿＿＿＿＿＿＿＿＿＿＿＿＿＿＿＿＿

冷静下来后的想法:＿＿＿＿＿＿＿＿＿＿＿＿＿＿＿＿＿＿＿＿＿＿＿＿＿＿＿＿＿

情境4:一名不怎么熟悉的球友,有一天向你借500元,理由是他生活费用完了,需要充饭卡,但你目前也不充裕。

你当时的想法:＿＿＿＿＿＿＿＿＿＿＿＿＿＿＿＿＿＿＿＿＿＿＿＿＿＿＿＿＿＿＿

冷静下来后的想法:＿＿＿＿＿＿＿＿＿＿＿＿＿＿＿＿＿＿＿＿＿＿＿＿＿＿＿＿＿

情境5:操场上两个同学在吵架,你恰好遇到,其中一个同学让你去评评理,另一个同学则让你少管闲事,走远些。

你当时的想法:＿＿＿＿＿＿＿＿＿＿＿＿＿＿＿＿＿＿＿＿＿＿＿＿＿＿＿＿＿＿＿

冷静下来后的想法:＿＿＿＿＿＿＿＿＿＿＿＿＿＿＿＿＿＿＿＿＿＿＿＿＿＿＿＿＿

情境6:宿舍里有的人不讲卫生,几个星期不换一次衣服,好久不打理头发、指甲,感觉宿舍空气都被"污染"了。其他几个小伙伴似乎只暗地里抱怨,没有指出存在的问题,你疑惑,要不要当面提醒某些人,还是继续忍受。纠结几天后,你选择经常外出,偶尔回来,也不和其他舍友沟通交流。

你当时的想法:＿＿＿＿＿＿＿＿＿＿＿＿＿＿＿＿＿＿＿＿＿＿＿＿＿＿＿＿＿＿＿

冷静下来后的想法:＿＿＿＿＿＿＿＿＿＿＿＿＿＿＿＿＿＿＿＿＿＿＿＿＿＿＿＿＿

情境7:年度评选奖学金,你的条件不错,有人说奖学金非你莫属。你信心满满,积极准备材料,同时暗地里进行了"公关"。评选结果出来了,奖学金人选不是你。

你当时的想法:＿＿＿＿＿＿＿＿＿＿＿＿＿＿＿＿＿＿＿＿＿＿＿＿＿＿＿＿＿＿＿

冷静下来后的想法：_____

情境8：班里的其他人总是称呼班主任为"我哥"，称呼辅导员为"我姐"，大家不亦乐乎。你觉得这样有些不妥，师生关系应保持一定距离，这种不良关系必须纠正。

你当时的想法：_____
冷静下来后的想法：_____

情境9：有人让你捎话，但你知道，这话不会有好结果，你很纠结。

你当时的想法：_____
冷静下来后的想法：_____

情境10：在大学里找一个知心朋友真困难，你觉得内心孤独，心情低落，想找个朋友，又怕碰壁，有人劝你改变一下自己的形象，换个心情。

你当时的想法：_____
冷静下来后的想法：_____

【任务作业】

通过以下途径获取有关"90后""00后""10后"的时代背景信息，如教育现状、人际交往异同。

1. 网络查询。
2. 阅读权威期刊。
3. 访谈老师、家长、朋友、同学等。

【任务拓展】

学习萨提亚人际交往模式并撰写一篇不少于500字的成长报告。

萨提亚是著名的心理治疗大师。她创立的家庭治疗流派在当今世界极负盛名。为了纪念这位家庭治疗的先驱，该模式被命名为"萨提亚模式家庭治疗"，有些地方称为"萨提亚人际交往模式"。萨提亚模式沟通的3个要素：自我、他人、情境。

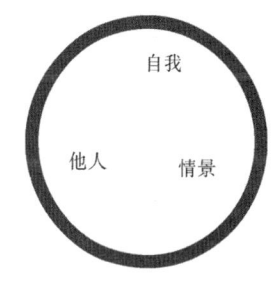

萨提亚模式是一种心灵体验过程，最大特点是着重增强人的自尊心，改善沟通，帮助人活得更舒适、更自由，更加享受此情此景。该模式认为，生活中有5种沟通姿态，分别为指责型、讨好型、超理智型、打岔型、表里一致型。但往往生活中出现更多的沟通姿态是指责型、讨好型、超理智型和打岔型，这4种沟通姿态都很容易给彼此带来不好的沟通体验，甚至引发不满和争吵。

1. 指责型

指责型沟通姿态

言语	内心独白	行为	内心感受
"都是你的错""你怎么回事""你从来都没做对过""如果不是因为你，我就不会陷入麻烦""我是对的"	"我是孤立且不成功的""只有让别人听我的，我才是有价值的"	攻击、评判、命令、找错、独裁、批评、愤怒、恐吓、拒绝、吹毛求疵	愤怒、挫折、不满、被压抑、害怕失去控制

续表

自我价值	心理影响	生理影响	资源
低自我价值、不成功的、远离自我、缺乏控制、焦点放在对他人的期待上	愤怒与暴怒、反抗的、拒绝的、暴力、偏执、报复、欺负	肌肉紧张、背部酸痛、循环系统障碍、高血压、关节炎、便秘、气喘等	自我争取、有能量、自信

忽略他人，只关注自己和情境，试图表明不是自己的过错，让自己远离压力的威胁。这种模式不可取。

2. 讨好型

讨好型沟通姿态

言语	内心独白	行为	内心感受
"都是我的错""我不值得""你喜欢怎样""没事没事""我只想要让你高兴"	"我应该永远对别人和颜悦色""我绝不能让别人生气""全是我的错""我很无助"	过分和善、道歉、让步、请求原谅、委屈自己、成全别人	受伤、悲伤、焦虑、不满、压抑、愤怒
自我价值	心理影响	生理影响	资源
低自我价值、缺乏自信、远离自我、我是不重要的	神经质、抑郁、易被激怒、焦虑、恐慌	消化道不适、恶心呕吐、糖尿病、偏头痛、便秘等	关怀、滋养、灵敏

忽略自我，关注他人和情境，试图远离对自己产生压力的人或减轻自己因某些人所带来的压力。这种模式不可取。

3. 超理智型

超理智型沟通姿态

言语	内心独白	行为	内心感受
经常提到准则和"正确的"事物，给予抽象的语言和冗长的解释，避开有关个人的或情绪上的话题	"一切都是学术的""有理性、冷静""不能流露任何感情"	一本正经的行为、不带人性的客观，严肃的、冷淡的高人一等的神情，操控的、顽固的、缺少情感的、无聊的行为	仅流露少许情绪，内心敏感、孤单、孤立、焦虑、悲伤、空虚的、被误解的，害怕失去控制，易显示脆弱，困惑
自我价值	心理影响	生理影响	资源
低自我价值、不成功的、远离自我、无法表露真实感受、没有人在乎、没有归属感	迷茫、心态混乱、精神病、冲动且控制不住、忧郁、缺乏同理心、妨碍他人权益、学习上无能	中枢神经系统疾病、肠胃疾病、恶心、糖尿病、眩晕、偏头痛、便秘等	有才智、有知识、注重细节、解决问题

忽略自我和他人,只关注情境,压抑感觉,逃避现实的任何感受,也回避因压力所产生的困扰和痛苦。这种模式不可取。

4. 打岔型

打岔型沟通姿态

言语	内心独白	行为	内心感受
毫无道理、抓不到重点、随心所欲、随口表示、东拉西扯、离题千里	"这里没有我说话的地方""缺乏平衡""通过打断来获得别人的注意"	不合时宜的行为,插嘴、打扰,不安定的多动,表面的行为,转移注意力	内心敏感、孤单,孤立,害怕失去控制
自我价值	心理影响	生理影响	资源
低自我价值、缺乏自信、远离自我、无法表达感受	紧张、强迫心理、社交退缩、固步自封、缺乏同理心	内分泌疾病、癌症、血液病、心脏病、胸背痛	幽默、自发、创造力、好玩、弹性

忽略自我、他人、情境,逃避。这种模式不可取。

5. 表里一致型

表里一致型沟通姿态

言语	内心独白	行为	内心感受
尊重自己、他人、情景,以开放姿态分享,聆听他人,诚实表达感受、想法、期待、愿望及不喜好的事物	"事情是可以解决的""我需要沟通一下了""发生这样的事情可以理解"	接纳自己与他人,接纳压力和困难,应对投入,顾全大局,乐于助人	平和的、平衡的、有爱且有自我价值的;虽有时惶恐,但仍充满勇气和信心;有坚强的毅力;当时和事后心灵充满了坦然和安稳
自我价值	心理影响	生理影响	资源
高自我价值	身心健康	身心健康	良好关系、高自尊、自我觉察、负责、开放、关怀自己与他人

表里一致型是萨提亚所倡导的目标,这种模式建立在高自我价值的基础之上,可实现自我、他人和情境三者的和谐互动。

模块四
网络心理训练：网络之钩

知识目标

1. 通过本模块的网络心理训练,了解网络及其引起的心理问题的相关知识。
2. 学习案例部分蕴含的比较丰富的网络心理知识元素,在测试部分掌握大学生网络成瘾及手机依赖量表使用方法,分析得分解释说明。
3. 掌握网络心理训练活动步骤及要领。

能力目标

1. 会合理使用网络。
2. 会根据案例进行对比和反思。
3. 熟练运用心理测试量表,并对测试结果进行解释,对自我和他人进行觉察、分析。
4. 会根据提示进行网络心理调适训练,能解决一些力所能及的心理问题。
5. 在未能处理自身网络心理问题情况下,会向老师寻求帮助。
6. 能分享自身成功经验,协助他人解决一些网络引起的心理问题。

思政目标

1. 能在法律和伦理道德范围内合理使用网络,树立正确的网络"三观"。
2. 能及时干预因网络出现的心理问题,及时纠正错误。
3. 明显增强幸福感。

模块学时

1～2学时

模块导览

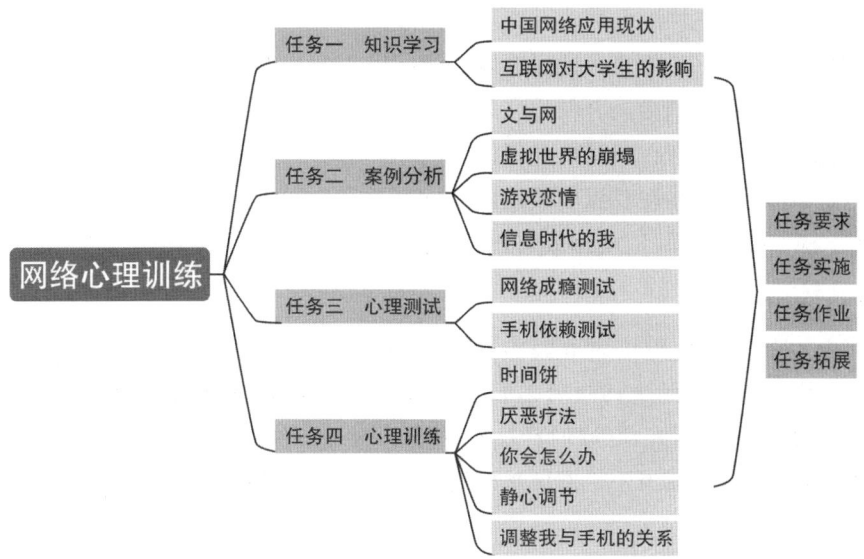

启智润心

在信息化时代,人们拥有大量的信息和知识,但真正关键的是如何过滤、消化并转化为真正的力量。

——周鸿祎

网络游戏是你在干好该干的事情之后玩的,你现在没有多余的时间和精力花费到这上面,否则你透支的东西以后都得偿还。

——佚名

手机如同剪刀,用得好就是工具,用得不好就会伤人。

——佚名

任务一 知识学习

【任务要求】

学习完本模块的知识点后,积累相关网络及网络心理的知识,不断丰富对网络心理的立体认知。

【任务实施】

1. 了解中国网络应用现状。
2. 分析互联网对大学生的影响。

知识点 1 中国网络应用现状

1. 网民及网民分类

网民:指使用过互联网的 6 周岁及以上我国居民。

手机网民:指通过手机接入并使用互联网的网民。

电脑网民:指通过电脑接入并使用互联网的网民。

农村网民:指主要居住在我国农村地区的网民。

城镇网民:指主要居住在我国城镇地区的网民。

大学生网民:指通过手机、电脑或其他设备使用互联网的大学生网民。

2. 中国网络核心数据

据中国互联网络信息中心(China Internet Network Information Center,CNNIC)第 53 次《中国互联网络发展状况统计报告》,截至 2023 年 12 月我国网民规模达 10.92 亿人,较 2022 年 12 月增长 2480 万人,互联网普及率达 77.5%,较 2022 年 12 月提升 1.9%。

截至 2023 年 12 月,我国手机网民规模达 10.1 亿人,较 2022 年 12 月增长 2562 万人,网民使用手机上网的比例为 99.9%。

截至 2023 年 12 月,我国农村网民规模达 3.26 亿人,占网民整体的 29.8%;城镇网民规模达 7.66 亿人,占网民整体的 70.2%。

截至 2023 年 12 月,我国网民使用手机上网的比例达 99.9%,使用台式电脑、笔记本电脑、电视和平板电脑上网的比例分别为 33.9%、30.3%、22.5% 和 26.6%。

截至 2023 年 12 月,我国域名总数为 3160 万个,其中,".CN" 域名数量为 2013 万个。

截至 2023 年 12 月,我国网络视频用户规模为 10.67 亿人,较 2022 年 12 月增长 3613 万人,占网民整体的 97.7%。其中,短视频用户规模为 10.53 亿人,较 2022 年 12 月增长 4145 万人,占网民整体的 96.4%。

截至 2023 年 12 月,我国即时通信用户规模达 10 亿人,较 2022 年 12 月增长 2155 万人,占网民整体的 97.0%。

截至 2023 年 12 月,我国在线政务用户规模达 9.73 亿人,较 2022 年 12 月增长 4701 万人,占网民整体的 89.1%。

截至 2023 年 12 月,我国网络支付用户规模达 9.54 亿人,较 2022 年 12 月增长 4243 万人,占网民整体的 87.3%。

截至 2023 年 12 月,我国网络购物用户规模达 9.15 亿人,较 2022 年 12 月增长 6967 万人,占网民整体的 83.8%。

截至 2023 年 12 月,我国搜索引擎用户规模达 8.27 亿人,较 2022 年 12 月增长 2504 万人,占网民整体的 75.7%。

截至 2023 年 12 月,我国网络直播用户规模达 8.16 亿人,较 2022 年 12 月增长 6501 万人,占网民整体的 74.7%。

截至 2023 年 12 月,我国网络音乐用户规模达 7.15 亿人,较 2022 年 12 月增长 3044 万人,占网民整体的 65.4%。

截至 2023 年 12 月,我国网上外卖用户规模达 5.45 亿人,较 2022 年 12 月增长 2338 万人,占网民整体的 49.9%。

截至 2023 年 12 月,我国网约车用户规模达 5.28 亿人,较 2022 年 12 月增长 9057 万人,占网民整体的 48.3%。

截至 2023 年 12 月,我国网络文学用户规模达 5.20 亿人,较 2022 年 12 月增长 2783 万人,占网民整体的 47.6%。

截至 2023 年 12 月,我国在线旅行预订用户规模达 5.09 亿人,较 2022 年 12 月增长 8629 万人,占网民整体的 46.6%。

截至 2023 年 12 月,我国互联网医疗用户规模达 4.14 亿人,较 2022 年 12 月增长 5139 万人,占网民整体的 37.9%。

(资料来源:2024 年 3 月 22 日中国互联网络信息中心在北京发布的第 53 次《中国互联网络发展状况统计报告》)

知识点 2　互联网对大学生的影响

网络日益发达的今天,人们所处的这个世界正在发生翻天覆地的变化,只有想不到的,没有找不到的。如果你对某个物品感兴趣,但对它的认识模糊不清,前人的总结又碎片化,这时仅查询互联网百科全书是不够的。你可以将这件物品所持功能描述出来,在搜索引擎中输入描述内容,若依然无法获取需要的信息,不妨试试"互联网搜索+淘宝",也许会有新的发现。

有一首诗这样描写网络:

"网络是生活的提升,带给你新奇的陌生;

网络是情感的陷阱,带给你虚拟的憧憬。

追寻着是那份激情,期盼着是那份幻影;

放肆在愉悦的情绪中,把握生命中的每一次感动。"

随着大学生对网络的依赖程度日益增加,大学生上网人数和上网时间越来越多,网络对大学生的影响也越来越大。网络正改变着大学生的生活方式、学习方式、交往方式、行为习惯,网络心理健康素质已成为当代大学生心理健康素质的重要内容。

网络对大学生的影响要一分为二来看,总结下来,分为正面和负面两种。

1. 网络对大学生的正面影响

(1)网络为大学生提供了新的虚拟世界,他们能借助各种网络设备在浩瀚的网络世界"为所欲为",实现自我目标,满足了大学生的交往、学习等需求。

(2)有的大学生面对压力无法找到合适的解压途径,有的经历了挫折,一蹶不振、状态低迷,此时网络可以作为其缓解焦虑、抑郁等不良情绪的安全领地。

(3)网络世界极大地拉近了人与人之间的距离,人们能轻而易举地解决面临的问题,一定程度上增强了大学生的自我效能感。

(4)网络的普及和深度使用,使"万事不求人"成为可能,培养了大学生的独立个性。

(5)网络与现实生活的连接,为新时代大学生适应新的复杂环境提供了平台,并为大学生利用网络工具创造价值提供无限可能。

2. 网络对大学生的负面影响

网络对大学生产生正面影响的同时,也产生了一系列负面影响。由于大学生群体人格还未完全成熟,喜欢追求刺激,好奇心强,自制力不够强,在网络面前容易迷失自我,出现各种各样问题。结合平时观察、访谈、学生自述等分析,主要问题如下。

1)生理问题

(1)长期暴露于辐射环境,有损皮肤健康。

(2)使用智能网络设备时,由于身体长期处于一种固定姿势,容易引起颈肩部肌肉收缩、痉挛,可能感到颈肩部肌肉酸痛不适,也可能出现头痛、恶心、呕吐症状,严重时可能会引起颈椎病,一般多见于颈椎间盘突出、颈椎曲度变直。

(3)经常使用手机或平板电脑可能会扰乱正常的生活规律,引起内分泌紊乱,从而引发各种植物神经病症,例如胃痛、手脚发麻、关节酸痛等。

(4) 眼睛长期盯着电子屏幕,可能会产生视觉疲劳,出现眼痛、头痛症状,也可能会引起视力下降。

(5) 精力集中于网络,会让人处于兴奋状态,长期兴奋可能会引起血压升高、失眠。

(6) 长时间玩手机等电子产品,保持同一个坐姿时间较久,可能会引起下肢静脉血栓,容易引起肺栓塞、脑血管缺血,导致晕倒甚至死亡。

2) 心理问题

网络过度使用,会降低人的认知功能,比如感觉迟钝、观察力减弱、记忆力下降、注意力分散等,甚至会让大学生对网络产生依赖,出现网络成瘾症状,导致孤独感增强,产生情绪情感障碍、社交退缩、意志力差、焦虑、抑郁、思维迟钝、幻觉等负性心理。诸多研究和报告表明,手机上瘾的大学生人格发展水平低于正常人,他们变得"疯狂"的可能性增加,部分大学生表现出精神病症状。

3) 生理心理及心理生理问题

生理心理问题即由躯体问题带来的心理异常,心理生理问题即由心理异常引起的生理病态。比如某大学生长期痴迷网络游戏,经常"打打杀杀"到半夜,因此落下严重颈椎病,有时疼得厉害,用颈部撞击栏杆。他很害怕有一天会因颈椎病瘫痪,舍友劝他多加运动,他也想过放下手机,这样对身体负责,但仍控制不住自己,感觉离开了好玩的游戏,现实中没啥好留恋的了。期末考试即将到来,处于矛盾中的他患上了焦虑症,焦虑症又严重影响了他的睡眠,导致免疫力下降,诱发了病毒感染。如今,他住进了特殊病房。

4) 道德感受到冲击

由于互联网信息相当丰富,网络上充斥着各种价值观,有的是正面的,有利于大学生身心成长,有的是负面的、扭曲的、西化的、腐朽的、反社会的,而往往后者对处于社会变革中心理可塑性强的大学生来说,表面上具有很大的诱惑力,渗透力也更强。如网络色情、网络赌博、网络贷款、网婚、"炫富摔"、网络暴力等,这些网络行为会激发年轻人的好奇心和模仿行为,使他们的道德底线受到冲击,在得不到有效监督和引导的情况下他们可能会参与违法犯罪活动,反社会和反人类行为隐患风险高。

【任务作业】

查阅中国互联网络信息中心自2019年至今发布的全部《中国互联网络发展状况统计报告》,就互联网与新时代"00后""10后"心理健康问题变化趋势访谈你的老师。访谈结束,归纳核心观点。

【任务拓展】

阅读下列材料,谈谈如何减小网络负面影响。

拓展阅读 1 网络引起的心理障碍

随着互联网的普及,伴随网络而生的各种心理障碍也引起了医学界的关注。我国网络性心理障碍的人不在少数。

网络性心理障碍在医学临床上被称为"网络成瘾综合症"。其主要表现是上网时间不断增加，人们试图减少操作时间却难以做到，为此常对人说谎；早上起床后有一种立即上网操作的渴望；有关网络上的情况反复出现在梦中或想象中；沉湎于网上自由聊天，或网络互动游戏，而忽视现实生活的存在。学生会因此出现成绩下降、人际关系淡漠的情况。成人会出现感到孤独和忧伤、睡眠障碍、食欲下降、思维迟缓、精力不足、双手颤抖的症状，自我评价降低，甚至有的会出现消极意念和行为。由于人们在网络中比现实易于也敢于表露自己的情感，因此更易于形成"网络恋爱关系"，这种虚拟的网上关系会冲淡婚姻关系，甚至会出现"网上情人"挑战现实婚姻的局面。

造成"网络成瘾综合症"的原因是多方面的，包括生物学因素、心理因素等。从弗洛伊德精神分析学说看，是由于患者在童年时代遭受了某种压抑，而上网使这种埋藏在潜意识中的压抑获得释放。

对"网络成瘾综合症"，可进行心理咨询以及应用一些抗抑郁药治疗。另外，心理学家对上网者及其家属还提出以下建议以预防网络心理障碍的发生：严格控制上网的时间，一天不宜超过 8 小时；每天应抽出 2~3 小时与朋友和家人进行现实交流；一旦发现有"网络成瘾综合症"的症状出现，家属要强行限定患者上网的时间。

拓展阅读2　网络道德知多少

互联网上拥有接受维度广泛的年轻人，由于失范造成了不同的危险行为和越轨行为。网络的负面影响——大学生网络道德失范问题日益凸显，与构建和谐社会理念背道而驰。个体网络行为与心理健康水平关系密切。抑郁、焦虑与网络行为有关，容易出现焦虑困扰和过激网络行为。问题网络行为与情绪困扰、高焦虑、低控制水平、人格障碍有关。

网络道德失范行为常常被认为是网络失范行为，其具体表现是在以互联网为基础构建的网络社会中，人们的行为违背了一定的社会规范和所应遵循的行为准则要求，而在虚拟空间中表现出的行为偏差，以及对互联网使用不当所导致的行为偏差等情况。该行为也是网络空间发生的、违反理性、不符合道德和法律规范要求的行为。网络道德失范行为包括道德规范缺失行为（网络谣言）、道德规范冲突行为（网络色情）、极端道德失范行为（网络黑客）。

网络道德失范行为是违背网络道德规范与准则的非常态的问题行为。网络道德失范行为的特点：一是非病理性问题；二是在网络上实施的行为或者不当使用互联网时所导致的现实偏差行为；三是不脱离网络实施的行为，不包括网络不良影响导致的在现实社会实施的非道德行为。

由此可知，网络失范行为是在以互联网为基础构建的网络社会中，违背了社会规范和网络规范要求的行为准则，在网络空间中表现出的偏差行为，以及不当使用互联网时所导致的现实偏差行为，其行为结果可能会对自我和其他网络社会成员的身心及权益造成危害和伤害，甚至干扰与阻碍网络社会的正常运行和长远发展。

美国计算机协会制定的网络伦理道德和职业行为规范：①为社会和人类作出贡献；②避免伤害他人；③要诚实可靠；④要公正并且不采取歧视性行为；⑤尊重包括版权和专利在内的财产权；⑥尊重知识产权；⑦尊重他人的隐私；⑧保守秘密。

拓展阅读 3　直播行业发展倡议

丰富直播内容,弘扬优质文化。
倡导理性消费,共创线上舞台。
打击欺诈炒作,守护未成年人。
加强主播管理,规范机构经营。
践行社会责任,坚持健康发展。

任务二　案例分析

【任务要求】

阅读案例,指出案例反映的网络心理问题,将案例中的主人翁与自己对照,积极分析讨论,帮助自己与他人反思醒悟,共同协商解决办法,合理利用网络,维护心理健康,增强幸福感。

【任务实施】

对 4 个案例进行分析并从不同角度展开讨论。

案例 1

文与网

小文,男,某学院 2023 级学生,2023 年 10 月出现了沉迷于网络的行为。经过调查发现,从 2023 年 8 月开始到 10 月底近 3 个月时间,小文每天上网时间平均超过 7 小时。他自称每天只想上网,上网占据了他的整个思想和行为,大部分专业课程缺课,完全不听公共课,因此学习成绩急剧下滑,期末考试 5 科成绩不及格。新学期开学后,他的上网时间出现了逐渐增多的趋势,无心学习。尽管每天晚上睡觉时他都会责怪自己不应该这样虚度时光,并要求自己明天不再上网,但第二天情况总是事与愿违,反而更加严重。他说要是不上网,就会感觉无事可做,情绪低落,上网是他逃避和缓解现实问题的唯一出路。

分析与讨论

小文是如何处理自己与互联网关系的?互联网对他产生了怎样的影响?

案例 2

虚拟世界的崩塌

在虚拟世界筑起"爱巢",不料"老公""儿子"突然"离世",悲恸的女大学生竟因此不能自拔,患上了抑郁症。

据《楚天都市报》报道,21岁的肖红艳(化名)在武昌某高校读大三。半年前,她结识了一男网友,并在网上"结婚",建立了"小家庭"——一个共同的网页。每天,两人用温馨的文字和图片共筑"爱巢"。"家"里不但有时尚的装饰,还有3顿饭的菜谱。

不久,网站通知肖红艳,她已拥有了一个小宝宝。兴奋不已的她天天和"丈夫"商讨如何育儿。哪知,3天前,网站又告知肖红艳,其"家人"均病重逝世。此后的肖红艳做什么事情都提不起精神。

省中医院心理科周小宁教授分析,由于过分迷恋"网上婚姻",肖红艳患上了精神性思维障碍——抑郁症。这是由深度诱导所致的精神迷幻症状。

专家指出,时下,不少大中学生热衷于网络的虚拟生活,远离现实,极易走入极端。家长一旦发现孩子出现异常,应设法让孩子"禁网"。

分析与讨论

请给本案例拟定另一个合适的标题。请给你的同龄人提些建议,以避免他们"走火入魔"。

案例 3

游戏恋情

在某个游戏中,大二学生小王对一个"女孩"产生了好感,而对方对他也有意思。在一步步交往中,两个人成了网络恋人,那段时间小王很幸福。若说哪里还有遗憾的话,就是没见过这位女友。

聊了几个月,暑假来了,在小王的一再要求下,女友终于同意见面。让小王惊喜的是,女友和照片上差距不大,很漂亮也很秀气。见面第一晚,小王就知道了有女友是什么样的感觉,不仅仅是浪漫还觉得很幸福。两个人爱得很"真",至少小王真心爱上了她。小王希望毕业之后娶她,女友同意了。

回来之后,两个人在网络上聊天更频繁,"老公""老婆"喊得很亲密。小王为她付出了很多,为了让她在游戏中购买"装备",省吃俭用给她花钱。

大学4年,前2年半两个人经常见面,可后来女友提出了分手。她第一次说了实话:"我比你大了15岁,我孩子比你小7岁,请原谅我骗了你,我们分手好不好?"

小王知道她比自己大,却没想到她已经35岁了,更没想过她已经结婚了。但是对她的感情是真的,小王不想分手。"女友"似乎也爱上了他,就同意了继续交往。

某次见面的时候,一个男人冲了进来,把他们堵在了屋里。那天小王受了点伤,而"女友"也被她的老公打了。后来小王东借西凑,给了男人2万元才算了结此事。

最终的结果,恋爱没有谈成,而"女友"脸上也留下了疤痕,后来离婚了,再也联系不上了。从那时起小王心中有了阴影,对于网恋,他再也不信任了。

小王曾说:"我知道网恋的风险,可是一旦陷入进去,明知道人家有家室,我还是有点痴心妄想。因为那段网恋,我害苦了她,我会自责一辈子。"

📖 **分析与讨论**

讨论网恋的基本特点,一分为二地谈一谈网恋对大学生心理发展需求的作用。

案例 4

信息时代的我

我是一个普普通通的大学生,来自一个不起眼的小乡村,在家里是老大,有一个弟弟,弟弟在读中学。由于有规定,不得将电子设备带入学校,家里人也不同意购买手机,上中学时我没有机会过多接触手机等电子产品,顶多周末回家看看电视,学习之余,在电视里刷一刷短视频,作为观众,"观战"小伙伴玩各种游戏。到了大学,感觉一下子放开了,我也有了自己的第一部电脑和手机。每天放学,我都会用电脑完成课程作业,完成后再往小程序上一发,老师就会收到。当然电脑不仅是拿来学习的,信息社会,和大多数同学一样,我也是一名"低头族",体验着拇指活动带来的愉悦。与少部分电子产品依赖者不同的是,我并不会把大多数时间放在虚拟世界里,偶尔会网购,也会下载小木鱼等各种软件,还会与其他同伴合作玩几局游戏。我知道,虚拟世界和大数据总是很"聪明",能根据人的需求和习惯,体贴地服务大家,真是想人之所想,急人之所急,最大限度地满足人们对未知的渴求。我也知道,信息时代,互联网是一把锋利的双刃剑。我身边的人正在被这把剑慢慢地刺伤,已经不属于"数字分心"那么简单了,少部分人已被这强大的刀刃"肢解",没有学习动力,没有奋斗目标,甚至没有健康的身心。我担心他们会被社会淘汰。对于我来说,熟练运用手机和电脑可以让我在信息流里如鱼得水,假如没了手机和电脑,我也不会感觉不舒服,因为它们并没有决定我的命运。我想如何学习和生活,还是我说了算。这种自我掌控能力我还是有的,我要运用无穷的网络信息资源为我服务。

📖 **分析与讨论**

根据你的观察和体验,你和身边的人"患"有"手机病"吗?具体表现有哪些?本案例中"信息时代的我"为什么没有迷失?

【任务作业】

请将以上4个案例的共同特点以清单形式列出来。

【任务拓展】

全班同学以"网络信息化利大于弊,还是弊大于利"为题展开辩论,辩论前充分查阅文献并开展调查研究活动。

任务三 心理测试

【任务要求】

认真阅读测试要求,根据自己的第一感觉,实事求是地完成测试,并对测试计分解释了然于心,以平静心态看待测试及其结果,掌握自己的网络成瘾现状,该采取行动时毫不犹豫。

【任务实施】

完成网络成瘾测试、手机依赖测试等任务内容。

测试 1 网络成瘾测试

中文网络成瘾量表

指导语:请仔细阅读下面的句子,选择最符合您的情况数字(1-极不符合;2-不符合;3-符合;4-极符合)。答案无正确与错误或好与坏之分,请结合自己的实际情况选择。

项目	极不符合	不符合	符合	极符合
1.曾不止一次有人告诉我,我花了太多时间在网络上。	1	2	3	4
2.我只要有一段时间没有上网,就会觉得心里不舒服。	1	2	3	4
3.我发现自己上网的时间越来越长。	1	2	3	4
4.网络断线或接不上时,我觉得自己坐立不安。	1	2	3	4
5.不管再累,上网时总觉得很有精神。	1	2	3	4
6.其实我每次都只想上一下网,但常常一上网就很久。	1	2	3	4
7.虽然上网对我的日常人际关系造成负面影响,我仍未减少上网时间。	1	2	3	4
8.我曾不止一次因为上网的关系而睡眠不足 4 小时。	1	2	3	4
9.自上学期以来,平均而言我每周上网的时间比以前增加许多。	1	2	3	4
10.我只要有一段时间没有上网就会情绪低落。	1	2	3	4
11.我不能控制自己上网的冲动。	1	2	3	4
12.发现自己因为过于投入网络,而减少了与身边朋友的互动。	1	2	3	4
13.我曾因上网而腰酸背痛,或有其他身体不适。	1	2	3	4
14.我每天早上醒来,第一件想到的事就是上网。	1	2	3	4
15.上网对我的学业或工作已造成一些负面的影响。	1	2	3	4
16.我只要有一段时间没有上网,就会觉得自己好像错过什么。	1	2	3	4
17.因为上网的关系,我和家人的互动减少了。	1	2	3	4
18.因为上网的关系,我平常休闲活动的时间减少了。	1	2	3	4
19.我每次下网后其实是要去做别的事,却又忍不住再次上网看看。	1	2	3	4
20.没有网络,我的生活就毫无乐趣可言。	1	2	3	4
21.上网对我的身体健康造成负面的影响。	1	2	3	4
22.我曾试过花较少的时间在网络上,却无法做到。	1	2	3	4
23.我习惯减少睡眠时间,以便能有更多时间上网。	1	2	3	4

续表

项目	极不符合	不符合	符合	极符合
24.比起以前,我必须花更多的时间上网才能感到满足。	1	2	3	4
25.我曾因为上网而没有按时进食。	1	2	3	4
26.我会因为熬夜上网而导致白天精神不济。	1	2	3	4

【任务作业】

学习如何用测试结果解释自己的网络成瘾情况,将自己的网络成瘾情况与周围同学进行比较,发现自己需改进的地方。

【测试简介】

该量表由陈淑惠编制,共包括强迫性上网、戒断反应、耐受性、人际与健康问题和时间管理问题5个维度。对应的题目如下。

强迫性上网(个体有一种难以自拔的上网渴望和冲动):11、14、19、20、22。

戒断反应(如果被迫离开计算机或其他媒体设备,个体就会情绪低落、坐立不安):2、4、5、10、16。

耐受性(随着使用者网络使用经验的增加,必须通过增加网络使用时间才能在网络中获得与原先相当程度的满足感):3、6、9、24。

人际与健康问题(个体因为在网络中沉溺时间太长而与家人和朋友疏远):7、12、13、15、17、18、21。

时间管理问题(个体因为在网络中沉溺时间太长而造成学业被耽误):1、8、23、25、26。

【结果解释】

每个维度侧重不同,某个维度得分越高,说明在这方面的问题越明显。5个维度得分相加等于总分,总分越高,网络成瘾症状越明显,需要加以注意。

测试2 手机依赖测试

手机成瘾指数量表

指导语:这个量表是用来了解您对手机是否有依赖性。请仔细阅读下面的句子,选择最符合您情况的数字(1-几乎没有;2-偶尔;3-有时;4-经常;5-总是)。请注意,这里要回答的是您实际上认为自己怎样,而不是回答您认为自己应该怎样。答案无正确与错误或好与坏之分,请结合自己的实际情况选择。

1.你的朋友和家人曾因为你在用手机而抱怨。
1-几乎没有☐　2-偶尔☐　3-有时☐　4-经常☐　5-总是☐

2.有人说过你花了太多的时间在用手机。
1-几乎没有☐　2-偶尔☐　3-有时☐　4-经常☐　5-总是☐

3.你曾试图向其他人隐瞒你在使用手机上花了多长时间。
1-几乎没有☐　2-偶尔☐　3-有时☐　4-经常☐　5-总是☐

4.你的话费超支。

1-几乎没有☐　　2-偶尔☐　　3-有时☐　　4-经常☐　　5-总是☐

5.你发现自己使用手机的时间比预期打算的要长。

1-几乎没有☐　　2-偶尔☐　　3-有时☐　　4-经常☐　　5-总是☐

6.你尝试在使用手机上少花些时间但是做不到。

1-几乎没有☐　　2-偶尔☐　　3-有时☐　　4-经常☐　　5-总是☐

7.你从未觉得在使用手机上花够了时间。

1-几乎没有☐　　2-偶尔☐　　3-有时☐　　4-经常☐　　5-总是☐

8.当在手机信号区以外待上一阵时,你总担心会错过信息。

1-几乎没有☐　　2-偶尔☐　　3-有时☐　　4-经常☐　　5-总是☐

9.你很难做到将手机关机。

1-几乎没有☐　　2-偶尔☐　　3-有时☐　　4-经常☐　　5-总是☐

10.如果你有一阵子没有查看信息或者手机没有开机,你会变得焦虑。

1-几乎没有☐　　2-偶尔☐　　3-有时☐　　4-经常☐　　5-总是☐

11.没有手机你会心神不定。

1-几乎没有☐　　2-偶尔☐　　3-有时☐　　4-经常☐　　5-总是☐

12.如果你没有手机,你的朋友会很难联系到你。

1-几乎没有☐　　2-偶尔☐　　3-有时☐　　4-经常☐　　5-总是☐

13.当感到被孤立时,你会用手机与别人聊天。

1-几乎没有☐　　2-偶尔☐　　3-有时☐　　4-经常☐　　5-总是☐

14.当感到孤独的时候,你会用手机与别人聊天。

1-几乎没有☐　　2-偶尔☐　　3-有时☐　　4-经常☐　　5-总是☐

15.当心情低落的时候,你会玩手机来改善情绪。

1-几乎没有☐　　2-偶尔☐　　3-有时☐　　4-经常☐　　5-总是☐

16.你发现自己在有其他必须要做的事情时却沉迷于手机,为此给你带来些麻烦。

1-几乎没有☐　　2-偶尔☐　　3-有时☐　　4-经常☐　　5-总是☐

17.在使用手机上耗费的时间直接导致你的办事效率降低。

1-几乎没有☐　　2-偶尔☐　　3-有时☐　　4-经常☐　　5-总是☐

【任务作业】

学习如何计分、评分,并看懂测验结果,通过手机成瘾检测,判断自己的手机成瘾属于失控性、戒断性、逃避性、低效性中的哪一种倾向。在老师与同学帮助下觉察自己越来越依赖手机的典型原因,至少列举3条,并按影响大小先后排列。

【测试简介】

手机成瘾指数量表(mobile phone addiction index,MPAI)由香港中文大学梁永炽编制。量表由17个项目组成,包括4个维度。

失控性:指使用者在手机上花费大量时间而不能自控,包括项目1、2、3、4、5、6、7。

戒断性:指无法正常使用手机时出现挫败的情绪反应,包括项目8、9、10、11。

逃避性:指利用手机逃避孤独、焦虑等现实问题,包括项目12、13、14。
低效性:指过度使用手机影响到日常生活学习的效率,包括项目15、16、17。

【计分和解释】

采用1(从不)~5(总是)点计分,得分越高表示手机依赖倾向越明显。该量表参考杨格(Young)的网络成瘾筛选标准,在17个条目中,对8个条目做出肯定回答,即被界定为手机依赖者。

【任务拓展】

利用课余时间,在学习任务未完成且空腹的情况下,不接电话,不与人交流,持续上网6小时以上,停止上网后,体验内心感受,并把这种感受记下来。

任务四　心理训练

【任务要求】

知晓心理训练的目的,主动树立训练目标,熟练心理训练的活动要领和步骤,训练过程中全身心参与,认真体验,深刻总结讨论,在训练中获得真正成长。

【任务实施】

完成训练1、训练2、训练3、训练4、训练5的任务内容。

训练1　时间饼

在纸的左、右两边各画一个时间饼状图,左图代表现状,右图代表合理状态,将两幅图均平分为24格,代表24小时,将自己1天中学习、生活等所有大小事件整理后放入2个时间饼状图中进行对比。观察自己现状图里每天上网时间占时间饼状图多大的比例,如发现上网时间占比过大,超出正常人上网时长,其他事务时间被上网时间"吞噬",此时就要有意识地减少上网时间,削减上网时间饼状图比例。每天坚持画2个时间表,坚持对比1个月。

训练2　厌恶疗法

找一个安静的环境,调整身体坐姿,或者躺下也可,全身放松,心无杂念。下面开始对上网或手机使用冲动进行厌恶刺激,目的是减少网络或手机使用。运用想象厌恶法进行刺激,确定有效则不宜运用针刺和橡皮圈法。如果想象厌恶法运用多次后效果不明显,则可尝试用针刺和橡皮圈法,也可将两者结合起来运用。

想象厌恶法:上网成瘾者闭上眼睛,在脑海中主动呈现厌恶景象,并让这一景象与上网或手机冲动相结合,以达到治疗网瘾的目的。当上网或手机使用冲动产生时,闭上双眼,主动想象面前站着一个高大警察,面孔冷峻,手里拿着镣铐盯着你;或想象自己因上网或过度使用手机,考试不合格,挂科后,拿不到毕业证,同学及朋友异样的目光和由此带来的强烈羞耻感。

针刺和橡皮圈法：当产生上网或手机使用冲动时，将随身携带的大头针刺向自己的手指，或将戴在手腕上的橡皮圈拉起，用力弹在自己的手腕上，肢体的疼痛感会传递给大脑负性信息，提醒自己停止上网或阻止手机使用冲动。运用过程中注意安全，最好请同学、朋友监督执行。

训练3　你会怎么办

阅读下列情境，在小组内讨论，每位小组成员都要发言，发言完毕进行总结，并派一个代表参加全班交流，最后老师评选出最佳发言。

情境一：当你经常游戏在线，朋友称你为"小霸王"时，你的想法是

_____
_____

情境二：还有5分钟就要上课，但你和好友正在组队完成任务。你正在纠结要不要去上课时，你的队友表示他也不去上课了，你对他的看法是

_____
_____

情境三：老师通知你，由于你的学习态度不够端正，你的期末考试有3门课程成绩不及格，需要重修，并请你总结具体原因，你会这样总结

_____
_____

情境四：听人说帮卖家刷单能躺着赚钱，你觉得是否可信？你对这个说法的看法是

_____
_____

情境五：你的家人总是埋怨你上网时间过长，忽略了家人存在，耽误了很多大事，你会这样做

_____
_____

情境六：你长时间使用上网设备，导致睡眠障碍，有时情绪非常暴躁，伤害了不该伤害的人。医生建议你去做心理咨询，你在犹豫该不该去。你想将你的困惑向好友倾诉

_____
_____

训练4 静心调节

本训练目的是调节身心状态,增强对自己身体的控制力,提高注意力、专注度。请按以下步骤来开始你的训练。

训练步骤1:保持身体站立,调匀自己的呼吸,将目光集中于房间里某样不费力就能看清楚的物品上,然后伸出右手,手心朝向自己的脸,并将食指指尖放在右眼和所看物品之间的直线上,随后从内向外移动自己的手臂,直到手臂向外伸展开为止,之后手臂收回到原来的位置,重复进行这样的练习共6次。练习过程中,记得要一直保持手心朝向脸部,而且指尖始终要位于右眼与物品之间的直线上。

训练步骤2:手掌侧面朝向自己的脸,然后用如上的方法重复同样的练习6次。

训练步骤3:闭合食指和拇指,以同样的方法进行练习,共做6次。

训练步骤4:把中指放于直线位置上,重复如上练习。

训练步骤5:手掌背面朝向自己的脸,重复同样的练习6次。

训练步骤6:其他的手指放于直线位置上,重复练习6次。

训练步骤7:将右手换成左手,重复以上同样的练习。

训练步骤8:每天坚持进行这样的练习,持续5天,5天后,自我检视注意力和对身体的控制能力是否有所提升。

(资料来源:https://wenku.baidu.com/view/c0b7be1a3a68011ca300a6c30c2259010202f3fe.html)

训练5 调整我与手机的关系

训练前先大声说出手机对你最严重的1条影响,接下来按如下步骤开始训练。

(1)分析现在手机的使用情况,重点关注3个数字:每天使用时长、时长前3个的APP、解锁频次。

(2)设定每天娱乐性使用手机总时间为1小时或其他时长,一般不超2小时。

(3)选3个最重要的APP放置于手机最显眼的桌面处,如微信、淘宝、抖音或快手,并给这3个APP分配你的精力,如微信用时40分钟,淘宝用时30分钟,抖音或快手用时30分钟。将这3个APP使用的时间限制加入闹钟提醒内容。

(4)开始清理手机中不必要且耗时的程序。可卸载一个或几个对你生活帮助不大,又消耗时间的应用程序。关掉多余的提醒功能,或将手机调成静音,有效抑制拿起手机的冲动。

(5)给使用手机设置一些障碍。比如,你可以创建锁屏,设置复杂的手机解锁密码,把自动锁屏时间设置成1分钟,解锁频率不高于1次/30分钟,这样可以迫使你思考自己在做什么。

(6)最后把手机放在不容易获取的地方。

(7)转移注意力,寻找玩手机的替代活动,比如看电影、做运动等,在替代活动中增强获得感,降低没玩手机的损失感。

(8)每天查看手机使用情况,记录有没有做到2~6项。如没有做到,将原因列出来,并用加强运动来"惩戒"自己。如全部或部分做到,给自己一些吃零食、看电影、购物的"奖励"。

(9)坚持30天后,总结手机使用情况,并自问:下一步我该怎么做?

【任务作业】

将训练4一遍一遍练习,录制成视频,邀请你的同学为视频配音,编辑字幕,请大家为该视频打分。

【任务拓展】

观看《习惯的奴隶》纪录片,将心得与大家进行分享。

模块五
学习心理训练：努力学习的原因

足够努力　才能穿破云层
欣赏高处的风景

知识目标

1. 在测试部分掌握比奈-西蒙智力测试、大学生一般学业情绪调查问卷、大学生学习动机问卷的测试方法及其关于得分情况的解释。
2. 掌握心理训练的目的、步骤等要领。
3. 了解大学生学习的相关知识。

能力目标

1. 会根据案例进行对比与反思。
2. 会熟练运用心理测试量表,并用测试结果解释对自我和他人的观察和分析。
3. 会根据提示进行心理训练,逐步提高学习素养。

思政目标

培养学生形成正确的人生观和发扬伟大的中国精神,具体为:认真、务实、乐观、进取的人生态度;突破陈规、大胆探索、勇于创造的思想观念;不甘落后、奋勇争先、追求进步的责任感和使命感;坚忍不拔、自强不息、锐意进取的学习精神状态。

模块学时

1~2学时

模块导览

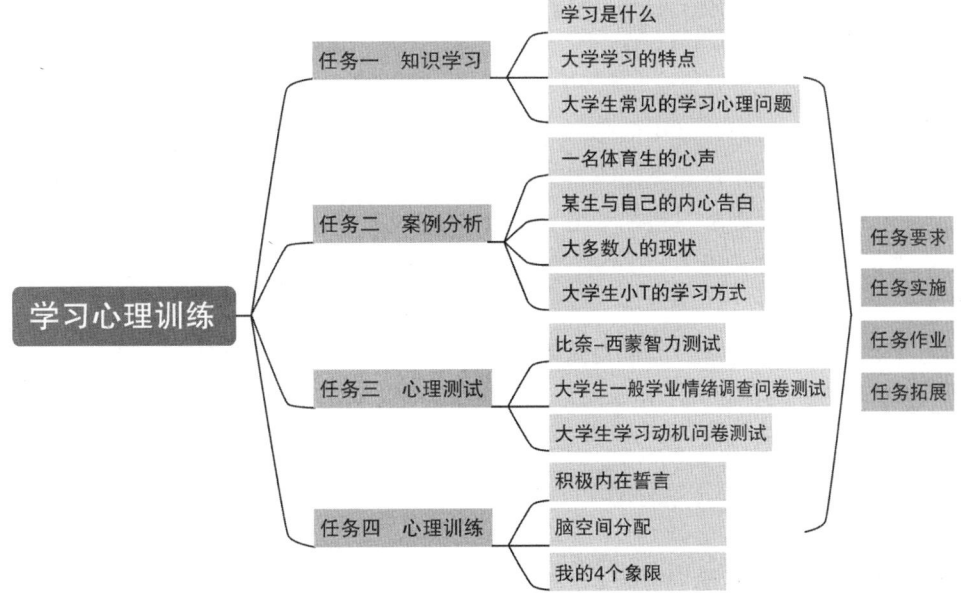

启智润心

> 立身以立学为先,立学以读书为本。
>
> ——欧阳修
>
> 夫学须静也,才须学也,非学无以广才,非志无以成学。
>
> ——诸葛亮
>
> 我们每个人手里都有一把自学成才的钥匙,这就是:理想、勤奋、毅力、虚心和科学方法。
>
> ——华罗庚

任务一 知识学习

【任务要求】

了解学习的有关知识,掌握大学阶段的学习内涵、特点和大学生普遍存在的学习心理,为更好适应大学学习做好心理准备。

【任务实施】

1. 认识学习是什么。
2. 了解大学的学习特点。
3. 了解大学生常见的心理问题。

知识点 1 学习是什么

广义的学习指的是个体增长知识、积累经验,发生积极变化的过程。狭义的学习专门指人对客观世界的认知过程。学生的学习过程包括知识的识记,注意力的稳固,理解力、思维力的增强等。广义的学习不仅涵盖动物行为的模仿和习得,还包括人从学习走路到跑动的技能获取,以及道德规范、规则和习俗的学习。所以,不仅仅是学生的学习才被视为学习。然而在我们的语义世界和认知世界中,狭义的学习,更具体地说,是指学生的学习,占据了更为主导的地位。

学习是智力因素和非智力因素共同作用的结果。智力因素又由记忆力、理解力、注意力、观察力、想象力、推理力等构成,在学习活动中起着吸收、加工、存储、提取等作用;非智力因素由学习动机、兴趣、情感、意志、气质、性格、能力、态度等构成,在学习活动中起着引发、定向、维持、调节等作用。

知识点 2 大学学习的特点

(1) 学习内容专业。一般来讲,大学的学习是专业学习,大部分高校在大学一年级开展通识教育,少部分开展专业基础教育。大学生从大学二年级开始就进入专业学习,文史、理工、艺术、体育等各专业门类课程和专业实训实习应有尽有。

(2)学习过程自觉。中学阶段的学习就是为了提高分数,为了冲刺高考,所有学生围绕学校和教师的安排,被动地学习,属于填鸭式学习。大学则不一样,大学生是成人,心智成熟,具有完全行为能力。他们得自己管理自己的时间,独立自主地去探索和追寻未知世界。

(3)学习方法多元。预习、课堂学习、课后练习、复习、考试这种传统的学习模式在文科类的学习中似乎还有一些作用,但用在理、工、农、医、艺术、体育等专业上却不一定有效。特别是在应用型高校人才培养模式下,大学生的学习方式方法需沿着一定主线来确定。总之,大学的学习应结合专业特点寻找有效方法。

(4)学习难度增加。大学的学习是针对培养专业素养的学习,更进一步地讲,是针对就业的学习。一门专业的精度和深度决定了它的难度。专业之所以叫专业,区别于传统学科,在于它相较于传统学科具有独特的特性和定位。实际上学生之间的差距,是在大学见分晓的。在专业学习难度增加的情况下,每个学生的学习心理不一样,专业学习程度和技能水平自然不同。

(5)贴近职业。每个职业都有其特定的职业要求,三百六十行,各不相同。大学生应掌握各种基础知识和技能,有效将理论与实践进行结合,将职业岗位要求贯穿到学习的全过程中。

综上所述,以前看似有效的学习方法,在大学学习中不一定有效。大学的学习还应结合专业实际,建立良好的学习心理状态,探求最适合的方法。

知识点3 大学生常见的学习心理问题

进入大学,每个大学生都开始专业学习,这一核心特点与中学教育有本质区别,因此许多人在这个过程中可能会遇到一些挑战和困难。具体表现如下。

(1)学习目标不明确。大学学习目的性很强,同时自主性也很强,如果没有定下学习目标,趁早树立理想,那么就会在短短几年里丧失自我。有的学生在网络世界中迷失自我,变得颓废而休学,甚至退学;有的学生忙于各种课外活动,放弃学习,频繁挂科,走了偏路,在人生十字路口迷失自己,到毕业时一无所获。

(2)学习动力不足。中学老师天天布置作业,天天检查和讲解作业,家校沟通密切。大学教育则与此截然不同,大学生是成年人,自主学习的能力比较强。然而有的大学生因失去了监督,加上目标缺失,目的性不强,不会自我加压,学习动力不足。心理学界认为,中等强度的动机有利于学习。动机过强或缺乏都会影响学习效果,并带来一系列心理问题。目前最常见的现象是内卷状态下的学习焦虑与知足知止惰性心理,满足于考试低分(及格不挂科),或将不挂科视为终极目标。

(3)缺乏兴趣。有的大学生在选专业时没有针对性,认为只要能上大学就行,不管专业是否适合自己,也不管是否感兴趣。因此,在学习过程中,对有的课程不感兴趣,对难度大的课程消极应对,上课睡觉、玩手机,做与课程学习无关的事,甚至逃课,最后导致课程学习困难重重,不断挂科,影响毕业。

(4)注意力不集中。一方面在学习过程中走神,学习效果差;另一方面无论在哪里学习,学习哪一科目,都无法静下心来完成学习任务,心中总是被社团事务、校外兼职、恋爱等牵绊和干扰,注意力下降,无法专心完成学习任务。而且当非学习任务与学习任务相冲突时,一大部分学生选择课堂请假,做与学习无关的事情,这是不值得提倡的。

(5)学习压力造成的焦虑。现今各高校对学生学习要求严格,并相继取消毕业清考制度,因此挂科太多就可能导致无法顺利毕业,这给部分学生造成了一定的心理压力。大学的学习主要靠自学,一部分学生学习方法不当,专业基础差,挂科,不可避免产生焦虑情绪。适度的焦虑及紧张对于学习、工作是必要的,但是持续、过度的焦虑则会使人丧失自信,干扰正常思维,从而妨碍学习,严重者会导致焦虑障碍甚至精神疾病。

(6)习得性无助。习得性无助是指一个人经历了失败和挫折后,面对问题时产生的无能为力的心理状态和行为。习得性无助的产生与一个人所经历的失败次数和归因模式有关。失败的次数越多越容易产生习得性无助,因为长期的努力得不到报偿,人们就容易自暴自弃。海德(F. Heider)的归因理论认为,"外归因"的大学生更容易产生习得性无助,他们认为自己无法把握机遇、运气、任务难度。习得性无助会引起大学生"破罐破摔"现象,处理不好,会导致大学生的学业荒废。

(7)侥幸心理。有的大学生存在投机取巧的心理,学习态度不端正,认为学不学无所谓,挂科不挂科无所谓,学习流于形式,平时躺平,考前抱佛脚。有的大学生平时不认真学习,实习实训敷衍了事,在考核前连续几个通宵搞突击,"大读大写大背大复印",企图蒙混过关。他们的目的一旦得逞,就会放松对自己的要求,让不正之风流行,一旦受阻,就会不择手段达到自己目的。这些心理和行为会严重影响自己和他人的学业发展。

(8)学习功利心理。当代大学生大多是"00后",身处社会发生深刻转型的时代,环境对大学生的心理产生着重要的影响。特别是在网络信息时代大背景下,信息传输渠道的分屏化、多样化、个性化,导致大学生在认识和了解世界的时候更强调个人利益,只学对自己有用的知识、技能。目前具有学习功利心理的大学生分为3类:一类大学生在学习中,认为学习知识最重要,两耳不闻窗外事,一心只读圣贤书,以获得奖学金为最高准绳,只忙于学习书本上的知识,忽略了能力和情感的培养,实践能力差,人际关系紧张;一类大学生忙于兼职,赚外快,忽略了知识的学习和情感的培养;一类大学生忙于学生工作,注重情感能力的培养,却忽略了学习和实践能力的提高。学习功利心理容易使大学生在入党、评优评奖等方面出现心理失衡。

【任务作业】

阅读各大学校长对学习的总结,谈一谈自己对学习的认识。

【知识链接】

著名大学校长谈大学生学习

耶鲁大学校长莱温教授:参加课外活动培养领导能力

你想在今后的工作中成为领导者吗?美国耶鲁大学校长理查德·莱温教授给在校大学生提出了最好的建议:"参加课外活动,在课外活动中培养领导能力。"

"耶鲁大学特别鼓励学生参加课外活动,在课外活动中培养学生的领导能力。耶鲁大学有200多个课外文化小组活跃在校园中,包括辩论赛小组、撰写新闻小组、音乐小组、社区服务小组以及政治团体,等等。""课外活动小组是培养未来领导人素质的实验室,小布什当时就积极参与社团的活动,这对他担任总统起到了很大作用。"莱温教授说。

牛津大学第一副校长麦克米伦教授:质疑精神与分析能力很重要

"英国学生与中国学生最大的不同点在于英国学生具有质疑精神,勇于挑战他人观点。"英国牛津大学第一副校长威廉姆·D.麦克米伦教授直言不讳地说。

麦克米伦教授介绍,在牛津大学里,教师不是简单地把知识传授给学生,而是通过每周组织学生讨论来进行学习。

任课教师将问题布置给学生,并开列书单。学生则要根据问题的方向,广泛阅读相关书籍,进行有深度和广度的思考。学生通过自学理解知识,并从不同的侧面分析总结,得出自己的结论,同时撰写5000字左右的文章。老师下次上课时,便让学生分别陈述自己的观点。

"学生的观点可以很不相同,他们会找出自己的所有理由来挑战别人的说法,捍卫自己的观点",麦克米伦教授边说边打着手势,"而学校也会安排几位教师,从不同的侧重点讲述同一门课程,以便学生全方位地了解这一学科。"

在检验学生的学习效果上,牛津大学也与中国大学的考试大不相同。麦克米伦教授说,牛津大学会出一个很大的题目让学生作答。学生想回答好这个题目,需要阅读大量书刊,做大量调查,收集各种资料。通过考试可以检验学生掌握这门学科的知识量。

早稻田大学校长白井克彦教授:学习不能闭门造车

"大学生在校期间就要为本地区繁荣提供思路。"日本早稻田大学校长白井克彦教授认为,大学生学习不能闭门造车,要努力使自己成为对社会有贡献的个体。学生要深入本地企业、行政机构和其他的社会单位,创造有利于该地发展的知识和智力财富。

白井克彦教授建议,青年学生要走进社区,为地区繁荣提供思路,进行知识实践。

他举例说,在离早稻田大学50km的土奇玉县本庄市,学校与当地政府共同建立了早稻田大学实验基地。在研究生课程阶段,学校派学生到此,与当地政府共同为地区环境、城市建设、信息领域进行设计和研究。

"这不仅推动了当地经济的发展,也让学生在实践中体会知识操作,掌握基本生存技巧,掌握人与人之间关系的处理技能,适应当地的文化、习俗和语言,从而达到学习的根本目的。"白井克彦教授说。

柏林工业大学校长库茨勒教授:理工科学生需要想象力和经济头脑

"理工科固然需要缜密的思维,但千万不能制约学生大胆的幻想力。"数学博士出身的德国柏林工业大学校长库特·赖纳·库茨勒教授肯定地说。

库茨勒教授说,数理化是所有理工科的基础,理工科学生要对数理化有强烈的感觉、强烈的兴趣。在本科低年级阶段,要夯实数理化基础知识,训练缜密的推理能力。但缜密的推理并不应该妨碍学生大胆幻想。"在头脑清醒、目标明确的前提下,理工科学生要充分发挥自己的想象力,假设所有的可能性,然后进行求证推理。鉴于这种发展想象力的需要,理工科学生在学习本专业以外,应该多学习文化、艺术和社会学方面的知识。"

同时库茨勒教授认为,没有经济头脑的人是无法进行理工科研究的。"比如说,你做一个研究项目,要充分考虑它对环境、人体健康等方面的不利影响,并预计能产生多大的正面效益。综合评价这两个指标,考虑投入与产出的比例关系,最终才能决定是否进行这项研究。"

哥伦比亚大学校长柏林格教授:大学生要有全球化眼光

"全球化产生的影响日益增大,大学要培养学生全球化眼光。"美国哥伦比亚大学校长李·卡罗尔·柏林格教授说。

柏林格教授回顾说,从20世纪40年代起,"全球化"一词尚未进入词汇库时,哥伦比亚大学已经有意识地走向外部世界,学者已开始考虑解决一些全球性的问题。例如,冷战时期开展俄罗斯、东亚等的地区性研究,民权运动时期兴起宪法研究热,以及对环保的关注等。

21世纪,全球变暖、艾滋病、饥饿、安全威胁、社会公正等诸多方面的新问题正在涌现,"大学教育不仅仅是简单地向学生传播知识,更要通过其广泛革新的跨学科领域认真探讨全球性难题,引导学生增强认识的深度和广度,以使其能够应对未来生活的挑战"。柏林格教授说。

在柏林格教授看来,"读万卷书,行万里路"也是观察真实世界的一种方式。

此外,哥伦比亚大学特别重视学生的外语学习,全校开设的外语语种多达71种,是美国大学中外语语种最齐全的。"这也是我们培养学生具有国际视野的一个显著特点。"柏林格教授说。

武汉大学前校长刘道玉:读书人只有获得悟性,才能达到"通"的境界,方算得上是一个真正会读书的人!

大学生究竟应当怎样学习,是一律限制在课堂上,还是允许学生自由选择专业,允许学生自由转专业,允许学生选择自己认为合适的学习方式。那时,我们允许学生不必每堂课都必须上,只要自己觉得能够自学,就不受课堂纪律的限制。事实说明,自学是高效率的,而一堂一堂地听课是浪费时间的。30多年以后,许多大学毕业生都怀念那时的自由学风,使他们走上了创业的成功之路,如陈东升、毛振华、艾路明、于刚等。

人的学习是从感性开始的,根据我的观察与思索,我认为学习有3种境界:感性、理性和悟性。3个不同的境界达到的学习效果也是完全不同的。在感性认识阶段,获得的是"知",即知道的意思,知道并不一定是真正理解,也不一定是靠得住的东西。在理性阶段,认识的主体把感性认识获得的材料,经过去粗取精、去伪存真、由此及彼、由表及里的思维加工,便获得了概念和理论系统,这时获得的是"真",即更全面和更深刻地反映事物的本质和规律。人的认识还没有结束,有待进入悟性阶段,这是学习的最高境界,在这个阶段获得的是"通",所以"通"是学习的最高目标。我们常常说博古通今、触类旁通、融会贯通、心有灵犀一点通、一通百通等,都说明了"通"是学习的最高追求。窃以为,读书人只有获得悟性,才能达到"通"的境界,方算得上是一个真正会读书的人!

(资料来源:https://www.sohu.com/a/316666589_805777)

【任务拓展】
根据自己的成长经历和观察,总结几条"00后"大学生的学习心理,并与大家分享交流。

任务二　案例分析

【任务要求】
阅读案例,指出案例反映的问题和情况,分析其中事实和原因,善于有条不紊地开展讨论交流,讨论时正确表达自己的观点,吸收不同观点。
【任务实施】
对4个案例进行分析并从不同角度展开讨论。

案例 1

一名体育生的心声

我感觉我是一个懒惰的人,对自己不喜欢、不感兴趣的东西就不在意、不上心。主要表现在持续性懒惰,间歇性努力,自制力、意志力都薄弱,坚定不了一个方向。比如我想打好篮球,又不去坚持。还记得疫情那个寒假,我在家待了几个月,买了瑜伽垫、跳绳和篮球,想变得更好一点。我计划每天跑步、跳绳、做俯卧撑、练习运球。那是自己最空闲的一段日子,本可以利用那段时间让自己变得更好更强,但遗憾的是,我只坚持了几天就放弃了,而游戏替代了所有的计划。现在回想起那段日子,我特别后悔没有抓住时间来改变自己。想要拥有腹肌,却又懒得运动,吃得多,吃饱了就往床上一躺。看着那些励志的视频,我又会心血来潮,想要考过英语四级,但既不背单词又不做试卷,每天都在得过且过。我只会幻想"要是我能怎样怎样就好了",但那些终究是幻想。当自己喜欢一样东西,或想要做成一件事时,就应该坚持下去,尽力去完成它。人生当中总会有很多遗憾,但只要在能力范围内尽力了,就算最后不能如愿,自己也不会后悔,不会留下太多的遗憾。

一定要努力啊,不要自己欺骗自己,走得再慢,最起码是在向前走,一定要努力去争取自己想要的东西。

回顾一下自身学习经历,18岁那年,体考不如意,我勉强上了一所普通大学,浑浑噩噩地读着书,后悔自己当初没有好好努力,后悔虚度光阴,但自己依然没有改变,得过且过。19岁那年,我想过自己要什么,并且迈出了第一步。自己要的很简单啊,打好篮球,考过英语四级,取得教师资格证,如果可以的话还想要考研,想回到家乡,当一名老师。这些都是应该在大学4年里完成的目标啊!我的期望不过是想让自己心情舒畅,能过上自己想要的生活。父母从来没给过我多大压力,从小到大,想要什么他们都会给。爷爷奶奶同样很爱我,我感觉什么都不缺,缺的是学习目标。学习目标怎样树立和坚持?我感觉压力不是家庭带来的,是身边的人带来的,每个人都有自己的方向了,大家都有自己想走的路,而我依然对那些不感兴趣、不上心。每次感到这些压力的时候,每一次情绪不好的时候我都会去打球,因为篮球给我带来的快乐比什么都真实。

最后，想对自己说："20岁的自己已经不再是少年了，想要什么要自己去争取，喜欢什么要自己去努力。人这一生真的很短，无论是扣篮梦，还是考研梦，都希望去争取、去努力、去为之奋斗。希望你坦荡如砥，活成自己想要的模样，不要再为了那些琐事而烦恼，不要再三分钟热度去做事。做好自己，家庭和睦，自己过得舒服比什么都重要。希望你不要忘记快乐，不要忘记那些生活中的美好，不要放弃自己的梦想。"

分析与讨论

这名大学生产生了什么类型的学习心理？他认为他一开始懒惰、意志薄弱、坚定不了方向，后来说自己已经20岁了，喜欢什么就要去努力，这表明他的心理有何变化？

案例 2

某生与自己的内心告白

小 M：

你还好吗？想对你说些心里话。

时过境迁，事过情迁。时光匆匆流过，带走了美好，也留下了美好。

以前的我，是一个内向、不善于表达、胆小、自卑，自尊心很强，不甘屈服又倔强固执，在生活中很敏感，在意别人感受的小女孩。现在20岁出头啦，我终于知道原生家庭或其他环境条件因素并不能作为自己不努力、失败的借口。即便后来我认识到这些，但想改变自己或许并不是一件轻松的事情。从踏入大学的第一天起，我就思考着如何改变自己。

大一的时候，我第一次担任了班委的职务，但由于领导能力欠缺，面临不少挑战。同时，我也参与了几个社团活动，虽然偶尔感到有些迷茫，但生活过得很充实。现在到了大二，我在处理班级事务方面积累了一定的经验，不过，交流沟通和为人处世的能力仍然有待提高。我想锻炼自己，提升自己，所以抱着满腔热血参加了很多活动，无论自己是否擅长、是否热爱，也无论这些活动能不能帮助自己就业，只要能锻炼自己，我都觉得是有意义的。年轻人就应该勇敢尝试。但是后来，随着专业课程的增多，面临的抉择也就越困难。都说"鱼与熊掌不可兼得"，什么都想做，都想尝试，可能会什么都做不好。大二上学期，我就因此困惑了整个学期。尽管参加了很多活动，但大多没做好，反而浪费了提高专业能力的时间。那段时间我也找老师谈过心，总结出自己时间安排规划不合理的问题。但到了这学期，我还是像上学期一样，一直在忙，好像每个学期都会有新的任务需要完成，似乎什么都得做，但效果并不理想。专业技能资格证培训、班委工作、调研小组工作、创新创业实践、社团活动，我的大学生活真的很充实。随之而来的结果是，我的英语四六级考试还没考过，教师资格证的考试一直未开始准备，创新创业项目刚开始做便停止了，最近的专业项目孵化人才面试也没有通过。我感觉总是在低效率地做事情，让自己很疲惫。我清楚，一直反思自己，解决不了问题，得付诸行动。

总结下来我觉得自己存在的问题有：第一，没有合理、高效率地安排自己的学习工作时间；第二，目标、定位不准确，没有提前做好职业规划；第三，意志不坚定，压力大，动力不足，不会根据自身实际情况有目的地去提升自己。

之前遇到这些问题,我总是对自己说:"没事,事情总会有完成的时候,坚持做完就没事啦。"但是,现在我意识到了问题的严重性。在选择奋斗吃苦的年纪我却没往目标的方向前进,自己想要的到底是什么?现在我已经读大二了,是不是应该为以后的职业做好铺垫呢?人生的路本应该越走越向前,而我感觉自己越走越后退。

无论是先天条件还是后天努力,都掌握在自己手中。现在我决心改变自己,着手完成既定的任务,包括考证、参加培训以及不断学习,为将来的就业打下坚实的基础,做到有针对性地学习,尽职尽责完成本职工作,并合理规划我的时间。但愿一切还来得及,能够赶上!

付出总会有收获,或大或小,或有或无,但都是人生经历。我们在学习和生活中一定得有目标,针对性地去做事,在有限的时间内完成想做的事情,不要总是迷迷糊糊,而应做到更加专注一些,再专注一些;更加努力一些,再努力一些。书山有路勤为径,学海无涯苦作舟。

分析与讨论

阅读案例,总结小 M 遇到的学习问题。"鱼与熊掌不可兼得"说明了什么道理?对你有何启示?

案例 3

大多数人的现状

一名大学生坦言:"对于一名大学生来说,自律是很重要的,因为大学生活和高中生活是完全不一样的。在高中,我们每天早出晚归,过着衣来伸手饭来张口的日子。在大学,我们除了要学习,还要学会与人相处,学会自己照顾自己,合理规划时间。大学学习阶段没有了以前高中生活的那种紧张感,没有了老师的督促和父母的照顾、念叨,我们的自律性变得很差,玩手机毫无节制,几乎随时随地都在盯着手机,玩王者游戏、刷抖音。在课堂上很多同学还会不自觉地玩手机,然而到了期中考试和期末考试备考阶段,同学们都怕自己考不好,复习不好,怕挂科。考试之前会失眠,会情绪过度紧张。"

"有时总觉得自己是半睡半醒的状态,因第二天有考试,心里一直在想这个事情,会莫名其妙地给自己增加压力。将考试这件事情一直放在心里,就怕自己错过了考试,或者考完试纠结自己哪题没做好。如果觉得自己发挥失常,会一直焦虑,为了缓解焦虑感,会和同学们去吃吃火锅、逛逛街,以此方式来忘记这件让人紧张且不开心的事情。"

分析与讨论

思考该大学生对普遍存在的学习现状的总结,请用关键词表示。分组讨论,如何缓解焦虑问题,各组轮流发言并相互评价。

案例 4

大学生小 T 的学习方式

大学生小 T 高考时以不太理想的成绩考入一所专科学校。和大多数学生一样,小 T 到了大学,按部就班学习和生活,上学期表现一般。小 T 性格内向,不太喜欢和同学交流,遇到事情总是闷在心里。小 T 自幼父母离婚,父亲早早离家,家里仅自己和母亲相依为命。小 T 比较懂事,心疼母亲,遇到困难也不会和母亲说,生怕母亲难过而受到伤害,平时喜欢自己安排学习生活。据母亲介绍,高中时,小 T 经常在课上和老师发生冲突,原因是不按老师的安排来学习,自行其是,有时上课打瞌睡,有时上课听耳机,有时则情不自禁地走出教室,引起师生不满。大一下学期,他的脾气变得比以往任何时候都暴躁。据同学反映,小 T 在宿舍经常将布帘拉下围住自己,不知在搞啥?小 T 除了去上专业课,其余课程几乎缺席。他的情绪起伏较大,有一次在课堂上猛然将手中的水杯摔碎了,旁人不知缘由,还以为他与同学有矛盾冲突。他还经常以调节情绪为由,私自外出,总是很晚才回来,老师很是头疼。在学期末的结题考试中,他有"高等数学"等 2 门课程考试不及格。

【分析与讨论】

试分析小 T 学习过程中遇到了什么情绪问题?他的情绪问题有没有对他造成影响?如何化解学习过程中的负面情绪?

【任务作业】

查阅文献资料,总结皮亚杰和班杜拉关于学习的核心观点,并将自己所总结的观点与组内其他成员进行对比,发现异同。

【任务拓展】

访谈"学霸",询问他们如何激发积极学业情绪,保持良好学习状态。

任务三 心理测试

【任务要求】

认真阅读测试要求,根据自己的第一感觉,实事求是地完成测试,并对测试计分解释了然于心,以平静心态看待测试及其结果。

【任务实施】

1. 完成比奈-西蒙智力测试。
2. 完成大学生一般学业情绪调查问卷。
3. 完成大学生学习动机问卷。

测试 1 比奈-西蒙智力测试

比奈-西蒙智力测试
(适用 11 岁以上的儿童和成人)

指导语:智力测试是指对智力进行科学的测试,从而了解智力的高低。法国心理学家阿尔弗雷德·比奈和其助手西蒙于 1905 年编制了世界上第一个智力量表——比奈-西蒙智力量表。智力量表自问世以来,已发展出几十个不同版本,涉及的项目较多,如常识、理解力、算术、类比推理、记忆力、字词理解、图像识别、积木构建、排列组合、拼图游戏、符号解析等。

你必须在45分钟内完成全部60个题目,一定不要超过时间。不要在一个题目上耽搁太久,如果回答不出来,就猜一个答案。猜错不扣分。不要留下未回答的题目。如果一个题目看起来有一个以上的正确答案或没有正确答案,选一个你认为最好的答案。这些题目是为了测验你的思考力而有意设计的。

开始答题:

1.5个答案中哪一个是最好的类比?(　　)

　　　　工工人人人工人人工 对于 221112112 相当于 工工人人工人人人工 对于
A.221221122　　B.22112122　　C.22112112　　D.112212211　　E.212211212

2.找出与众不同的一个。(　　)
A.铝　　　　B.锡　　　　C.钢　　　　D.铁　　　　E.铜

3.5个答案中哪一个是最好的类比?(　　)

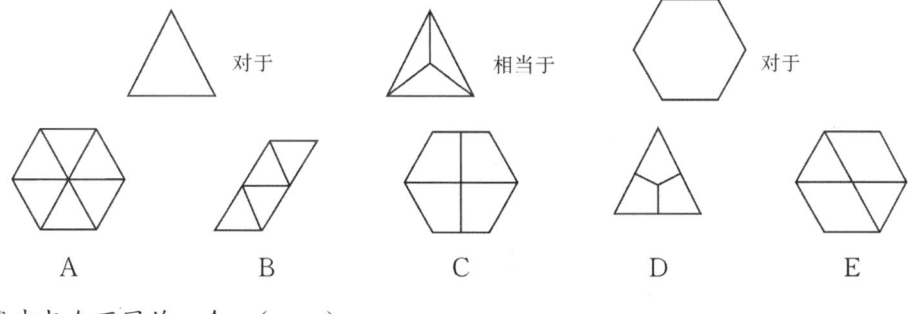

4.找出与众不同的一个。(　　)

5.全班学生排成一行,从左数和从右数小明都是第15名,问全班共有多少学生?(　　)
A.15人　　B.25人　　C.29人　　D.30人　　E.31人

6.一个立方体的六面,分别写着a、b、c、d、e、f 6个字母,根据以下4个图,推测b的对面是什么字母。(　　)

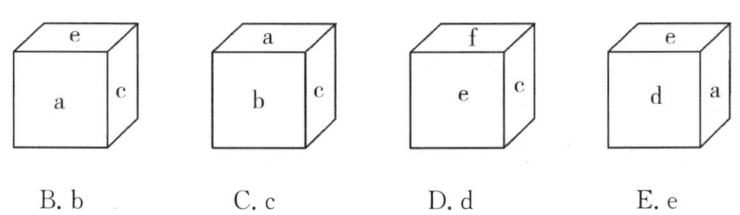

A.a　　　　B.b　　　　C.c　　　　D.d　　　　E.e

7. 找出与"确信"意义相同或意义最相近的词。（   ）

A. 正确　　　　B. 明确　　　　C. 信心　　　　D. 肯定　　　　E. 真实

8. 5个答案中哪一个是最好的类比？（   ）

脚对于手相当于腿对于

A. 肘　　　　B. 膝　　　　C. 脚趾　　　　D. 手指　　　　E. 臂

9. 5个答案中哪一个是最好的类比？（   ）

10. 如果所有的甲都是乙,没有一个乙是丙,那么,"一定没有一个丙是甲"。这句话是（   ）。

A. 对的　　　　B. 错的　　　　C. 既不对也不错

11. 找出下列数字中特殊的一个。（   ）

1　3　5　7　11　13　15　17

12. 找出与众不同的一个。（   ）

13. 小明比小强大,小红比小明小。下列陈述中哪一句最正确？（   ）

A. 小红比小强大　　　　　　　　　　　B. 小红比小强小

C. 小红与小强一样大　　　　　　　　　D. 无法确定小红与小强谁大

14. 找出与众不同的一个。（   ）

15. 5个答案中哪一个是最好的类比？（   ）

"预杉"对于"须杯"相当于8326对于

A. 2368　　　　B. 6283　　　　C. 2683　　　　D. 6328　　　　E. 3628

16. 小明有12枚硬币,共3角6分。其中有5枚硬币是一样的,那么这5枚硬币一定是（   ）。

A. 1分的　　　　B. 2分的　　　　C. 5分的

17. 找出与众不同的一个。（   ）
   A.公里   B.英寸   C.亩   D.丈   E.米

18. 经过破译敌人密码，已经知道了"香蕉苹果大鸭梨"的意思是"星期三秘密进攻"，"苹果甘蔗水蜜桃"的意思是"执行秘密计划"，"广柑香蕉西红柿"的意思是"星期三的胜利属于我们"，那么，"大鸭梨"的意思是（   ）。
   A.秘密   B.星期三   C.进攻   D.执行   E.计划

19. 5个答案中哪个是最好的类比？（   ）

   爱对于恨相当于英勇对于

   A.士气   B.安全   C.怯懦   D.愤怒   E.恐怖

20. 一本书的价格降低了50%。现在，如果按原价出售，提高了百分之几？（   ）
   A.25%   B.50%   C.75%   D.100%   E.200%

21. 5个答案中哪一个是最好的类比？（   ）

22. 找出与众不同的一个。（   ）
   A.南瓜   B.葡萄   C.黄瓜   D.玉米   E.豌豆

23. 从5个答案中找出最好的类比。（   ）

   水对于龙头相当于电对于

   A.光线   B.开关   C.电话   D.危险   E.电线

24. 打满水缸要11桶水。小靖每次只能提2桶水，要打满水缸他需要走几趟？（   ）
   A.5   B.5.5   C.6   D.6.5   E.7

25. 5个答案中哪个是最好的类比？（   ）

26. 如果所有的甲都是乙,所有的乙都是丙,那么,一定所有的甲都是丙。这句话是(   )。
   A. 对的   B. 错的   C. 既不对也不错

27. 下边哪一个盒子是用左边这张硬纸折成的?(   )

   A   B   C   D

28. 小张、小李、小王、小刘共买苹果144个。小张买的苹果比小李多10个,比小王多26个,比小刘多32个。小张买了多少个苹果?(   )
   A. 73   B. 63   C. 53   D. 43   E. 27

29. 找出与众不同的一个。(   )
   A. 触   B. 视   C. 听   D. 吃   E. 嗅

30. 5个答案中哪个是最好的类比?(   )
                女儿对于父亲相当于侄女对于
   A. 侄子   B. 表兄   C. 叔叔   D. 母亲   E. 哥哥

31. 找出与众不同的一个。(   )

   A   B   C   D   E

32. 找出下列数字中多余的一个。(   )
                4 5 8 10 11 16 19 32 36

33. 5个答案中哪个是最好的类比?(   )
                皮对于树相当于鳞对于
   A. 鳃   B. 大海   C. 渔夫   D. 鱼   E. 鳍

34. 找出与众不同的一个。(   )
   A. 鸡   B. 鸽   C. 鸭   D. 鹤   E. 鹅

35. 樱桃对于红相当于牛奶对于(   )。
   A. 湿   B. 冷   C. 白   D. 甜   E. 熟

36. 火车守车(车尾)长6.4m,机车的长度等于守车的长加上半节车厢的长。车厢长度等于守车长加上机车长。火车的机车、车厢、守车共长多少?(   )
   A. 25.6m   B. 36m   C. 51.2m   D. 64.4m   E. 76.2m

37. 找出与众不同的一个。（　　）

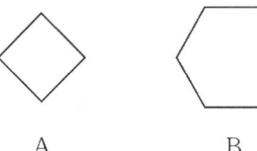   

　A　　　　　　B　　　　　　C　　　　　　D　　　　　　E

38. 在括号中填一字，使这字与括号外面的字分别组成两个字。

　　　　　　　　古（　　）巴

39. 哥哥今年15岁，他的年龄是妹妹年龄的3倍。当哥哥的年龄是妹妹年龄2倍时，哥哥几岁？（　　）

　A. 18　　　　B. 20　　　　C. 24　　　　D. 26　　　　E. 30

40. 5个答案中哪个是最好的类比？（　　）

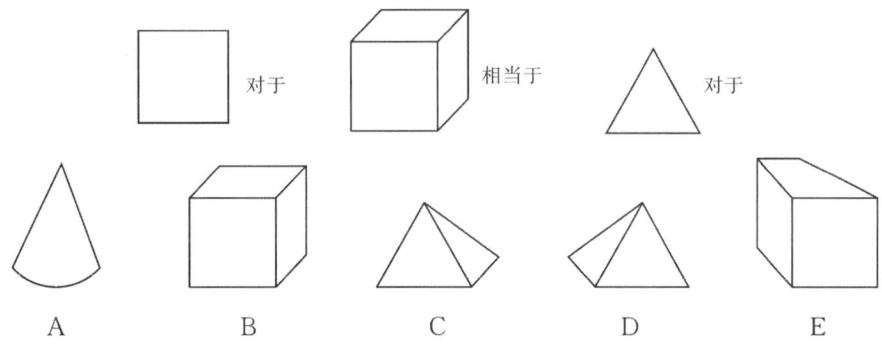

　A　　　　　　B　　　　　　C　　　　　　D　　　　　　E

41. 角对于元相当于小时对于（　　）。

　A. 分　　　　B. 秒　　　　C. 月　　　　D. 日　　　　E. 钟

42. 5个答案中哪一个是最好的类比？（　　）

　A　　　　　　B　　　　　　C　　　　　　D　　　　　　E

43. 如果把这个大立方体的6个面全部涂上黑色，然后按图中虚线把它切成36个小方块，两面黑色的小方块有多少个？（　　）

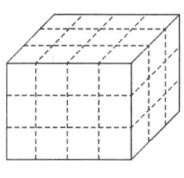

　A. 8　　　　B. 10　　　　C. 12　　　　D. 16　　　　E. 20

44. 从 A、B、C、D 中选出一个合适的图案填在下边的问号处。（　　）

45. 汽油对于汽车相当于食物对于（　　）。
   A. 嘴　　　　B. 胃　　　　C. 吃　　　　D. 人　　　　E. 牙

46. 找出与众不同的一个。（　　）

   A　　　　B　　　　C　　　　D　　　　E

47. 找出与众不同的一个。（　　）
   A. 南昌　　　B. 西安　　　C. 郑州　　　D. 哈尔滨　　　E. 昆明

48. 如果有些甲是乙，所有的丙都是乙，那么，一定有些甲是丙。这句话是（　　）。
   A. 对的　　　B. 错的　　　C. 既不对也不错

49. 5 个答案中哪一个是最好的类比？（　　）

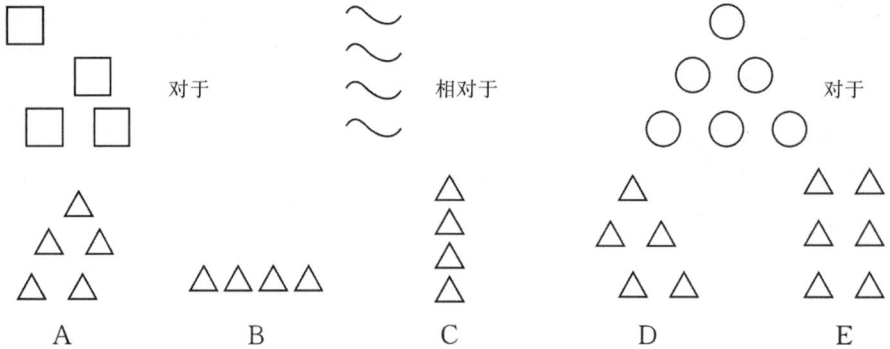

A　　　　B　　　　C　　　　D　　　　E

50. 图中阴影部分占总面积的百分之几？（　　）

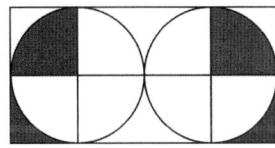

A. 20%　　　　B. 25%　　　　C. 30%　　　　D. 35%　　　　E. 40%

51. 找出与众不同的一个。（　　）

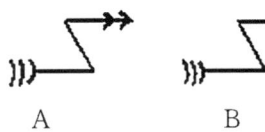　　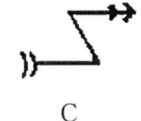　　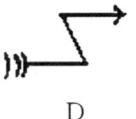　　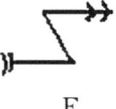

　　A　　　　　　　B　　　　　　C　　　　　　D　　　　　　E

52. 数数有多少个三角形？（　　）

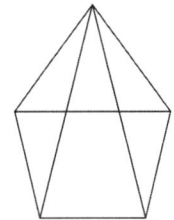

A. 5　　　　　B. 7　　　　　C. 9　　　　　D. 11　　　　　E. 13

53. 车站对于火车相当于港口对于（　　）。

A. 起重机　　　B. 船坞　　　C. 领航员　　　D. 轮船　　　E. 旅行

54. 找出与众不同的一个。（　　）

　　A　　　　　　B　　　　　　C　　　　　　D　　　　　　E

55. 找出与众不同的一个。（　　）

　　　　=　　　　+　　　　　

　　A　　　　　　B　　　　　　C　　　　　　D　　　　　　E

56. 如果所有的甲都是乙，有些乙是丙，那么，一定有些甲是丙。这一陈述是（　　）。

A. 对的　　　B. 错的　　　C. 既不对也不错

57. 找出与众不同的一个。（　　）

A. 画家　　　B. 排球运动员　　　C. 播音员　　　D. 舞蹈演员　　　E. 化妆师

58. 哪个图形与众不同？（   ）

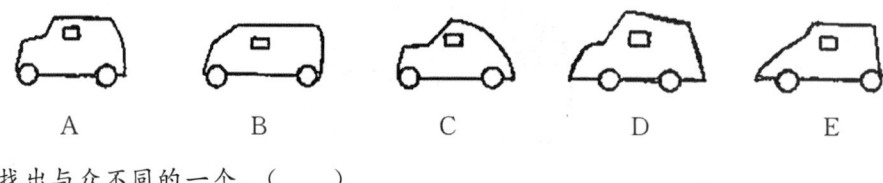

59. 找出与众不同的一个。（   ）

A. 水   B. 太阳   C. 汽油   D. 风   E. 水泥

60. A、B、C、D、E、F 哪个放在下面的问号处最合适？（   ）

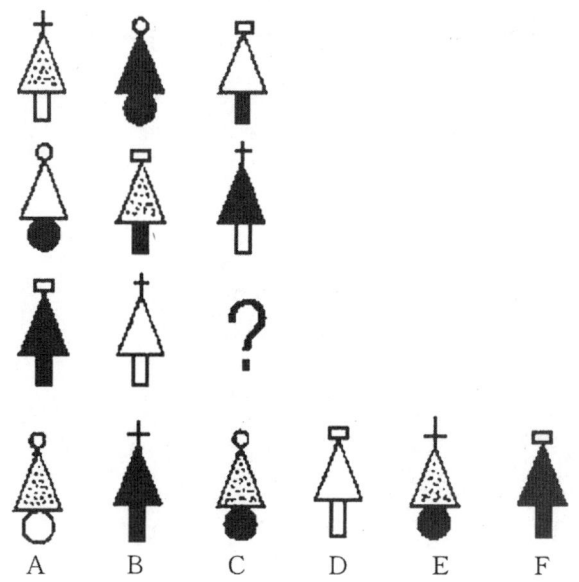

【任务作业】

学习测试、计分、评分和解释。

比奈-西蒙智力测试答案分析：

1. C　工＝2，人＝1。

2. C　钢是合金，而其他是纯金属。

3. A　都是顶角平分线交于一点并将多边形等分。

4. C　只有 C 是由 2 条直线组成，其他均由 3 条直线组成。

5. C　高于小明的 14 人，低于小明的 14 人，加上小明自己共 29 人。

6. E　从图(2)可知，b 的对面就是 a 的箭头所指的方向，从图(1)可知其为 e。

7. D　"确信"与"肯定"意义最相近。

8. E　脚和手分别与腿和臂相连。

9. B　正方形变为三角形，阴影与亮处对换。

10. A　例如：所有的狗都是动物，没有动物是植物，那么，没有植物是狗。

11. 15　除 15 外均为质数。

12. C　除 C 外，其他均由直线和曲线组成，而 C 只有曲线。

模块五　学习心理训练：努力学习的原因

13. D　我们仅仅知道小红和小强年龄均比小明年龄小。

14. C　仅C完全由直线构成,而其他则由直线和曲线构成。

15. D　予＝8,页＝3,木＝2,彡＝6

16. C　5分的5枚,2分的4枚,1分的3枚是唯一解。

17. C　亩是面积单位,而其他均为长度单位。

18. C　香蕉:星期三;苹果:秘密;大鸭梨:进攻。

19. C　爱是恨的反义词,英勇是怯懦的反义词。

20. D　例如:原价20元,牌价50%为10元,要按原价出售,需提高100%才为20元。

21. E　几何图形对换了位置,"尾巴"保持在原来的一侧,但是改变了指向。

22. D　除玉米外,其他均长在藤蔓上。

23. B　龙头控制水的流止,开关控制电的流止。

24. C　为打第11桶还需走一趟。

25. E　图形不变,仅实线变成虚线。

26. A　例如:如果所有的狗都是哺乳动物,所有的哺乳动物都是动物,那么,一定所有的狗都是动物。

27. D

28. C　小张53个,小李43个,小王27个,小刘21个。53＋43＋27＋21＝144。

29. D　除D外均为感觉。

30. C　叔叔和侄女是父女关系。

31. B　除B外,大小图形均一样。

32. 11　消去11以后,所余部分是两个互相交错的数列,第一列是4,8,16,…每一数字是前一数字的M倍;第M列的每一数字是由第一列的相应数字依次加2^n+n组成的。例如:$5＝4+1,10＝8+2,19＝16+3,……$

33. D　树皮覆盖在树表面,鱼鳞覆盖在鱼表面。

34. D　除鹤以外,均为家中饲养的禽类。

35. C　红色是樱桃的颜色,白色是牛奶的颜色。

36. C　机车长＝6.4m＋2.8m＝19.2m;车厢长＝6.4m＋19.2m＝25.6m;总长＝6.4m＋19.2m＋25.6m＝51.2m。

37. E　除E外,均为正多边形。

38. 月　分别组成"胡"和"肥"字。

39. B　哥哥20岁时,妹妹10岁。

40. C　从偏左侧看,正方形是正方体的前面,三角形是三棱锥体的前面。

41. D　角是元的低级量度单位,小时是日的低级量度单位。

42. C　人用笔来写作,用眼来看书。

43. D　前后各6个,左右各2个。

44. A

45. D　汽油是汽车的能源,食物是人的能源。

46. B 除B外,方框的个数均为奇数。

47. D 除D外,均由2个字组成。

48. B 例如:如果有些汽车是白色的,雪全是白色的,那么,一定有些汽车是雪。

49. E 都变成同样数目的不同图形。

50. B

51. A 除A外,其余的两两成对。

52. D

53. D 车站是火车的装货地点,港口是船的装货地点。

54. B 除B外,其余均是容器。

55. C "＋"是数学运算的符号,而其他均表示数学关系。

56. B 例如:如果所有的猫均是动物,有些动物是狗,那么,一定有些猫是狗。

57. C 除C外,均通过肢体运动来工作,而播音员通过语言来工作。

58. A B、C、D、E均由2个圆、1个长方形、1条弧线和4条直线组成,A多了1条直线。

59. E 其他均可作为能源。

60. C

【测试简介】

测左脑功能:1、2、5、7、8、10、11、13、15、16、17、18、19、20、22、23、24、26、28、29、30、32、33、34、35、36、38、39、41、45、47、48、53、55、56、57、59。

测右脑功能:3、4、6、9、12、14、15、21、22、25、27、31、35、37、40、42、43、44、46、47、49、50、51、52、54、58、60。

A. 如果在未正确回答的题目中左脑型和右脑型的题目数量差不多,那么说明两半球脑功能比较平衡。

B. 如果在未正确回答的题目中右脑型的题目数量比较多,那么可能是一个左脑型思维者,倾向于通过左脑思维来解决问题。

C. 如果在未正确回答的题目中左脑型的题目数量比较多,那么可能是一个右脑型思维者。

D. 计算你猜对的题目数。这些题目是靠直觉思维完成的,是右脑功能的反应。如果这种猜对的题目数量比较多,那么很可能不是胡乱猜对的,而是右脑直觉思维功能储存在左脑潜意识中的有用信息相互作用的结果。

【计分方法】

本测验每答对一题计1分,相加得到总分,总分还要转换为智商测试数值,才能真正知道你的智力水平,下面的计分表即有此作用。在你的年龄那一列中找到你的题目得分,对应的最右边一列的数值即是你的智商测试数值(I.Q)。例如,如果你是20岁,答对40道题,那么你在20岁这一列中找到40,右侧即是你的智商测试数值122。

【得分解释】

智商是智力的数量化表现,一般认为智力低者的智商测试数值在70分以下,这部分中有些人经过特殊训练能学会基本的知识,从事简单的工作,另一些被称为白痴,生活不能自理。

智商测试数值在80～120分之间,表明智力属于中等水平或接近于中等水平,这部分人约占全部人口的80%,是生活中正常的人。

常被人们称为天才的人,其智商测试数值在140分以上。天才具有的特征是:比普通人身体更健康,行动更活跃,身材更高大,情绪更稳定,学说话、开始走路的时间都比其他人早;学习成绩优异,学习兴趣很广泛;社交能力强,一般是团体中的领导分子。

白痴(智商测试数值在25分以下),通常生活不能自理,无学习能力。不过有些白痴可能在某些方面表现出极高的天分。

计 分 表

年龄	11	12	13	14	15	16岁以上(成人)	I.Q.
	8	10	13	15	17	19	80
	9	11	14	16	18	20	82
	10	12	15	17	19	21	84
	11	13	16	18	20	22	86
	12	14	17	19	21	23	88
	13	15	18	20	22	24	90
	14	16	19	21	23	25	92
	15	17	20	22	24	26	94
	16	18	21	23	25	27	96
	17	19	22	24	26	28	97
	18	20	23	25	27	29	100
	19	21	24	26	28	30	102
	20	22	25	27	29	31	104
	21	23	26	28	30	32	106
	22	24	27	29	31	33	108
	23	25	28	30	32	34	110
	24	26	29	31	33	35	112
	25	27	30	32	34	36	114
	26	28	31	33	35	37	116
	27	29	32	34	36	38	118
	28	30	33	35	37	39	120
	29	31	34	36	38	40	122
	30	32	35	37	39	41	124
	31	33	36	38	40	42	126
	32	34	37	39	41	43	128

续表

年龄	11	12	13	14	15	16岁以上(成人)	I.Q.
	33	35	38	40	42	44	130
	34	36	39	41	43	45	132
	35	37	40	42	44	46	134
	36	38	41	43	45	47	136
	37	39	42	44	46	48	138
	38	40	43	45	47	49	140
	39	41	44	46	48	50	142
	40	42	45	47	49	51	144
	41	43	46	48	50	52	146
	42	44	47	49	51	53	148
	43	45	48	50	52	54	150
	44	46	49	51	53	55	154
	45	47	50	52	54	56	158
	46	48	51	53	55	57	160
	47	49	52	54	56	58＋	165＋

测试2　大学生一般学业情绪调查问卷测试

大学生一般学业情绪调查问卷

您好！这是一份关于大学生学业情绪的问卷。下面是一些描述学习活动中可能有的情绪体验的项目。请您对照每一个项目,在最符合自己实际情况的项目上标记"√"。本问卷的目的是科学研究,请据实填写。答案无对错之分,请您认真作答。谢谢您的支持与合作！

请您在答题之前先填好以下资料,选择时在您要选的选项上打"√"。

①专业＿＿＿＿　②年级＿＿＿＿　③性别:男□　女□

项目	完全不符合	不太符合	不肯定	比较符合	完全符合
1.临近考试我总是很紧张。	①	②	③	④	⑤
2.我一学习就想睡觉。	①	②	③	④	⑤
3.我总能安心学习。	①	②	③	④	⑤
4.有的课程越学越觉得学不好,我感到很无助。	①	②	③	④	⑤
5.学习让我感到充实,我很自豪。	①	②	③	④	⑤

续表

项目	完全不符合	不太符合	不肯定	比较符合	完全符合
6.我觉得自己学习不好,对不起家人和老师。	①	②	③	④	⑤
7.学习让我快乐。	①	②	③	④	⑤
8.我相信自己的学习会更好。	①	②	③	④	⑤
9.我很生气别人说我比他学习差。	①	②	③	④	⑤
10.我觉得自己很有趣。	①	②	③	④	⑤
11.有些学习内容如基础课记忆内容太多,我学不好,很焦虑。	①	②	③	④	⑤
12.我在学习时容易心浮气躁。	①	②	③	④	⑤
13.我能轻松地完成学习任务。	①	②	③	④	⑤
14.我对学习缺乏信心。					
15.我觉得学习上我不比别人差。	①	②	③	④	⑤
16.有些课程能学好而没学好,感到对不起自己。	①	②	③	④	⑤
17.有时完成一个作业我会感到很高兴。	①	②	③	④	⑤
18.我希望自己学得更好一些。	①	②	③	④	⑤
19.学习中经常受到挫折令我气愤。	①	②	③	④	⑤
20.我学习时总能集中注意。	①	②	③	④	⑤
21.我的学习成绩上不去,我很着急。	①	②	③	④	⑤
22.学习时我容易心烦。	①	②	③	④	⑤
23.学习时我心情平静。	①	②	③	④	⑤
24.我一学习就情绪低落。	①	②	③	④	⑤
25.常能轻松地完成学习任务让我自豪。	①	②	③	④	⑤
26.我没考上好大学很愧疚。	①	②	③	④	⑤
27.我很喜欢学习。	①	②	③	④	⑤
28.我希望能够实现自己的学习目标。	①	②	③	④	⑤
29.我会为听不懂课而恼火。	①	②	③	④	⑤
30.我总能专注于学习。	①	②	③	④	⑤
31.学习使我苦恼。	①	②	③	④	⑤
32.我憎恨学习。	①	②	③	④	⑤
33.我能轻松地面对考试。	①	②	③	④	⑤
34.我对学习感到无能为力。	①	②	③	④	⑤
35.我对自己的学习成绩很满意。	①	②	③	④	⑤
36.有时我会为自己的成绩不如别人而感到羞愧。	①	②	③	④	⑤

续表

项目	完全不符合	不太符合	不肯定	比较符合	完全符合
37. 做作业时我很高兴把题目都做对。	①	②	③	④	⑤
38. 我觉得学习很有用。	①	②	③	④	⑤
39. 学习时受到他人的干扰我会很气愤。	①	②	③	④	⑤
40. 我对学习的每一个新内容都有好奇心。	①	②	③	④	⑤
41. 语言类课如大学英语学不好,很焦虑。	①	②	③	④	⑤
42. 我觉得学习枯燥乏味。	①	②	③	④	⑤
43. 我能心平气和地对待我的成绩。	①	②	③	④	⑤
44. 我对学习感到力不从心。	①	②	③	④	⑤
45. 学习让我丰富了自己的知识,增长了技能,我很自豪。	①	②	③	④	⑤
46. 有时我会因为成绩差而觉得在别人面前抬不起头。	①	②	③	④	⑤
47. 我总是愉快地学习。	①	②	③	④	⑤
48. 我对学习充满信心。	①	②	③	④	⑤
49. 我会为老师不提问我而生气。	①	②	③	④	⑤
50. 我对每一个新的学习领域都有探索欲望。	①	②	③	④	⑤
51. 有时我会因为学习成绩不好很痛苦。	①	②	③	④	⑤
52. 学习时经常头昏脑胀。	①	②	③	④	⑤
53. 我做作业的时候心情很放松。	①	②	③	④	⑤
54. 我在学习中常受挫折。	①	②	③	④	⑤
55. 学习上我经常受到别人的夸奖和赞扬。	①	②	③	④	⑤
56. 有时我会为自己的成绩不如别人而感到难过。	①	②	③	④	⑤
57. 我学习热情很高。	①	②	③	④	⑤
58. 我对自己的前途很有信心。	①	②	③	④	⑤
59. 不理解学习内容时我会苦恼。	①	②	③	④	⑤
60. 学习任务重让人烦。	①	②	③	④	⑤
61. 我的学习成绩一直很稳定,我感觉轻松自在。	①	②	③	④	⑤
62. 有时学习让我产生沮丧感。	①	②	③	④	⑤
63. 学习中我经常觉得自己很聪明。	①	②	③	④	⑤
64. 有时碰到应是自己专业知识能解决的问题而我不能,很尴尬。	①	②	③	④	⑤
65. 有时学习会给我带来惊喜。	①	②	③	④	⑤
66. 别人的鼓励使我对学习充满希望。	①	②	③	④	⑤
67. 我对学习感到焦急。	①	②	③	④	⑤

续表

项目	完全不符合	不太符合	不肯定	比较符合	完全符合
68.我觉得学习是件难事。	①	②	③	④	⑤
69.我能轻松自如地应付学习。	①	②	③	④	⑤
70.我对自己的前途悲观失望。	①	②	③	④	⑤
71.学习上我比别人进步快。	①	②	③	④	⑤
72.我很困惑为什么我总学不好。	①	②	③	④	⑤
73.学习对我来说是负担。	①	②	③	④	⑤
74.我对自己的学习现状有满足感。	①	②	③	④	⑤
75.有时我觉得自己学习不好是因为我很笨。	①	②	③	④	⑤
76.由于取得了好成绩,我感到自豪。	①	②	③	④	⑤
77.专业课学习太难,我不知该怎么办。	①	②	③	④	⑤
78.我对学习没兴趣。	①	②	③	④	⑤
79.上课时我一般比较放松。	①	②	③	④	⑤
80.尽管我很努力但是成绩还是没有起色。	①	②	③	④	⑤
81.我担心自己学习不好。	①	②	③	④	⑤
82.我厌倦学习。	①	②	③	④	⑤
83.我为自己学习不好而发愁。	①	②	③	④	⑤
84.我讨厌学习。	①	②	③	④	⑤
85.有些学习内容如数学、方法类课程太枯燥,学不好,我很焦虑。	①	②	③	④	⑤
86.我觉得学习是件苦事。	①	②	③	④	⑤
87.我担心比别的同学成绩差。	①	②	③	④	⑤
88.尽管我很努力,还是学得不好,不知该怎么办。	①	②	③	④	⑤

【任务作业】

学习大学生一般学业情绪调查问卷的使用方法。

【测试简介】

大学生一般学业情绪调查问卷由马惠霞于 2008 年编制。本问卷以 Pekrun 等人提出的学业情绪理论为基础。本问卷包括学生在学业活动中最常体验到的 10 种情绪,如兴趣、愉快、自豪、希望、放松、气愤、焦虑、羞愧、失望、厌烦,即学业情绪。本问卷所概括的情境涵盖了大学生学业活动的各个领域,所编制项目都是一般性的,而不具有情境(如考试、课堂、课程等)特异性,因此命名为大学生一般学业情绪调查问卷。

【计分方法】

大学生一般学业情绪调查问卷属于自评量表,包括焦虑、厌烦、放松、失望、自豪、羞愧、愉快、希望、气愤、兴趣10个分测验,共88个条目。采用5级计分,即"完全符合"计5分,"比较符合"计4分,"不肯定"计3分,"不太符合"计2分,"完全不符合"计1分。

【得分解释】

焦虑分测验。包括1、11、21、31、41、51、59、67、72、77、81、83、85、87、88共15个条目。指大学生在面对学业问题时,出现的可能无法实现学业目标或者可能造成学业失败的情况所产生的强烈持久的紧张、担心、不安等负性情绪。

厌烦分测验。包括2、12、22、32、42、52、60、68、73、78、82、84、86共13个条目。指大学生对学业过程中的某些活动失去兴趣或感到疲劳而不愿意继续参加时产生的一种烦躁的负性情绪。

放松分测验。包括3、13、23、33、43、53、61、69、74、79共10个条目。指大学生对自己的学习活动有良好的评价时或学习过程中的痛苦、紧张、负担等负性情绪得到减轻、缓解、宽慰时产生的一种满足的、平静的正性情绪。

失望分测验。包括4、14、24、34、44、54、62、70、75、80共10个条目。指大学生对自己在学习活动中的表现不满意,或者学业成就没有达到预期时产生的一种无助、沮丧、缺乏信心的负性情绪。

自豪分测验。包括5、15、25、35、45、55、63、71、76共9个条目。指大学生对学习活动中自己思想、行为、感觉的良好状态以及学业成就认可、满意时表现出来的一种正性情绪。

羞愧分测验。包括6、16、26、36、46、56、64共7个条目。指大学生对自己学习过程中的失误或学业失败等的解释所诱发的一种尴尬的、与痛苦相联系的负性情绪。

愉快分测验。包括1、17、27、37、47、57、65共7个条目。指大学生对自己的学习活动状态感到舒适、幸福并想保持这种状态时产生的一种正性情绪。

希望分测验。包括8、18、28、38、48、58、66共7个条目。指大学生对自己的学习活动以及学业成就抱有良好愿望时产生的一种预期性的、自信的正性情绪。

气愤分测验。包括9、19、29、39、49共5个条目。指大学生在学习活动中遇到挫折或者被迫参与不愿意做的学业活动时产生的一种负性情绪。

兴趣分测验。包括10、20、30、40、50共5个条目。指大学生对学业活动表现出肯定的,并积极思考、探索和追求的态度和情绪。此项测验重视的是感受到的情绪。

测试3 大学生学习动机问卷测试

大学生学习动机问卷

请您在答题之前先填写以下资料,选择时在您要选的选项上勾画"○"。

①专业_____ ②年级_____ ③性别_____

项目	符合	有点 不确定	有点 不符合	比较 不符合	不符合
1.我总觉得大学的学习是令人愉快的事情。					

续表

项 目	符合	有点不确定	有点不符合	比较不符合	不符合
2.我经常提醒自己,要在学习过程中不断提高自己分析和解决问题的能力。					
3.我想通过努力学习来提高自己在班上的地位。					
4.我常想,如果不认真学习的话就对不起老师的培养。					
5.为了使自己将来有能力帮助他人,我一直努力学习。					
6.我希望利用学习成绩来扩大我的影响范围。					
7.我努力学习是为了将来能干出一番事业。					
8.随着学习进程的深入,我的专业学习兴趣越来越浓了。					
9.我因为努力学习而很少感到空虚。					
10.我常想,如果不努力学习,就业时就会失去竞争力。					
11.我总想通过提高学习成绩来赢得他人的尊重。					
12.我很想利用自己的才华报效家乡。					
13.我非常害怕因学习成绩不好而受到亲友的责难。					
14.我把刻苦学习视为当选学生干部的一个筹码。					
15.在大学学习中,我常因某个问题的解决而产生释然感。					
16.总的来说,我对大学课程的学习有浓厚的兴趣。					
17.课后我经常去图书馆阅读与自己专业相关的书籍和杂志。					
18.我敢确信,渴望在将来使祖国变得更加富强是我学习的主要动力。					
19.我努力使自己比别人学到更多的知识。					
20.我经常提醒自己,不能因为学习成绩而影响到自己在同学心目中的地位。					
21.我想利用所学知识去参加竞赛,为学校争光。					
22.我想努力学习,为他人树立一个榜样。					
23.我一直想通过学习来光耀门楣。					
24.通过学习我解决了许多以前不懂的问题。					
25.在大学学习,我的精神比中学时好。					
26.通过坚持学习,我能读懂的专业文献比一般同学要多。					
27.我私下经常提醒自己,不认真学习就没法给父母一个交代。					
28.我常想,一定要好好学习,不能让异性同学看不起自己。					
29.为了避免同学的嘲笑,我总是刻苦学习。					

续表

项　目	符合	有点不确定	有点不符合	比较不符合	不符合
30.我总想利用自己所学的知识多为他人排解困难。					
31.我经常通过看专业书籍而有意识地提高自己的科研能力。					
32.我渴求自己在课程学习中寻找新的发现。					
33.我试图通过提高自己的学习成绩来为班级增添荣誉。					
34.我常因学习上的优势而产生强烈的满足感。					

【任务作业】

学习使用学习动机问卷的方法。

【测试简介】

大学生学习动机问卷是一个自评量表,由田澜和潘伟刚于2006年在奥苏伯尔成就动机理论基础上编制而来。本问卷将大学生的学习动机界定为"激发大学生学习的虚拟或现实理由"。

【计分方法】

采用5级计分,即"符合"计5分,"有点不确定"计4分,"有点不符合"计3分,"比较不符合"计2分,"不符合"计1分。求知兴趣和能力追求两维度得分之和为内部动机分量表的得分,声誉获取和利他取向两维度得分之和为外部动机分量表的得分。所有34个条目得分之和即为该量表的总分,反映了被测者学习动机的总体状况。

【结果解释】

本量表包含求知兴趣、能力追求、声誉获取和利他取向4个维度,共34个条目。

求知兴趣分量表。包括1、8、9、16、17、18、25、26、31、33、34,共11个条目,反映大学生为了发展自己的专业兴趣,获得愉悦体验的动机水平。

能力追求分量表。包括2、7、10、15、19、24、27、32,共8个条目,反映大学生通过学习来提高自己解决问题的能力,以求将来干出一番事业、增强就业竞争力等的学习动机。

声誉获取分量表。包括3、6、11、14、20、23、28,共7个条目,反映大学生通过学习来提高自己在班上的地位和扩大自己的声誉影响的动机。

利他取向分量表。包括4、5、12、13、21、22、29、30,共8个条目,反映大学生为了对得起老师的培养,将能帮助他人和对社会作贡献作为动机驱动。

【任务拓展】

查阅文献,与全班同学讨论智力因素与非智力因素对大学生学习的影响。

任务四　心理训练

【任务要求】

认真阅读以下心理训练的活动要领和步骤,熟悉训练活动内容,训练过程中全身心参与,认真总结,提高学习效能。

【任务实施】

完成训练1、训练2、训练3的任务内容。

训练1 积极内在誓言

从现在开始,在他人见证下,为自己立一个誓言,准备好了就请举起右手,握拳,抬头挺胸,声音洪亮地说出以下几句话。请旁人为自己录像,每周回看一次。

为了_____我一定要_____。

接下来我要_____。

我相信_____。

最后我会_____。

训练2 脑空间分配

将自己的大脑想象成一个电脑存储器,接下来检查存储器中的记忆内容是混乱的还是排列整齐的。如果是混乱的、琐碎的,请把不必要的内容清除,将剩下混乱的内容进行分类,分别存储在相应的"格子"空间中。以后,凡通过学习存储起来的知识,都应分门别类放置。如有可能,请你将自己的脑空间分配示意图画出来。

训练3 我的4个象限

为了更好地让我们的学习生活有条理性,将目前的事项划分为4块,通过四象限工作法可以高效地把控时间与重要的事项。

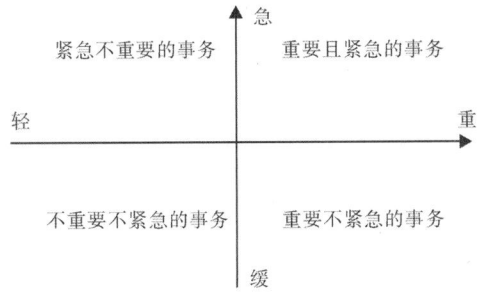

第一步:将工作待办事项划分为4个象限,分别为:重要不紧急的事务、重要且紧急的事务、紧急不重要的事务、不重要不紧急的事务。利用四象限法则,将不同类型的待办事项归档到不同的类别。

第二步:开始进行梳理。

(1)重要且紧急的事务,迫在眉睫,不得不做,不但要做好,而且要迅速完成,比如为明天考试而待复习的功课。

(2)重要不紧急的事务优先做,可以做到未雨绸缪,防患于未然。在日常学习生活中,很多时候往往有机会去很好地计划和完成一件事,但常常却又没有及时地去做,随着时间的推移,将重要不紧急的事务转变成重要且紧急的事务,造成学习质量下降。这时对重要且紧急的事务应采取设置定时提醒或重要事务持续提醒的方式应对。

(3)紧急不重要的事务具有很大的欺骗性。很多人认识上有误区,认为紧急的事情都显得重要。实际上,像无谓的电话、附和别人期望的事、放学约一场篮球等都并不重要。这些不重要的事务往往因为紧急,就会占据人们很多的宝贵时间。

(4)不重要不紧急的事务大多是些琐碎的杂事,没有时间的紧迫性,没有任何重要性。发呆、上网、闲聊、游逛,这是浪费大好时间的"杀手"。

第三步:巩固。

(1)马上做。如果总是有紧急又重要的事务要做,说明你在时间管理上存在问题,应设法减少此类问题。紧急突发的事务往往具有决定性作用,十分考验人。

(2)计划做。尽可能地把时间花在重要但不紧急的事务上,这样才能减少重要且紧急的事务的工作量。功夫在日常。

(3)授权做。对于紧急不重要的事务的处理原则是授权,让别人去做。也就是让它少与自己产生关系,以免干扰自己。

(4)减少做。尽量少做不重要不紧急的事务。

【任务作业】

坚持以上训练一学期,每周总结一次训练情况,将前后学习状态和效果进行对比。

【任务拓展】

对本校学生开展一次学习动力调查研究,撰写一篇研究报告,调查报告至少包含现状、问题、原因、解决措施等,字数不限。

模块六
意志心理训练：挫折与成功之路

知识目标

了解意志行动的过程、意志的品质、意志行动中的挫折和几种挫折应对机制。

能力目标

1. 学会觉察自我意志水平现状。
2. 学会从案例中获得思维启迪。
3. 学会熟练运用心理韧性测试、简短毅力量表测试等心理测试方法，能用测试结果解释意志及挫折心理现状。
4. 能根据训练步骤进行意志和抗挫折心理训练，培养坚韧不拔的意志品质，增强抗压能力。

思政目标

激发当代大学生不甘落后、奋勇争先、追求进步、坚韧不拔、锐意进取、自强不息的奋斗精神和以改革创新为核心的时代精神。

模块学时

1~2学时

模块导览

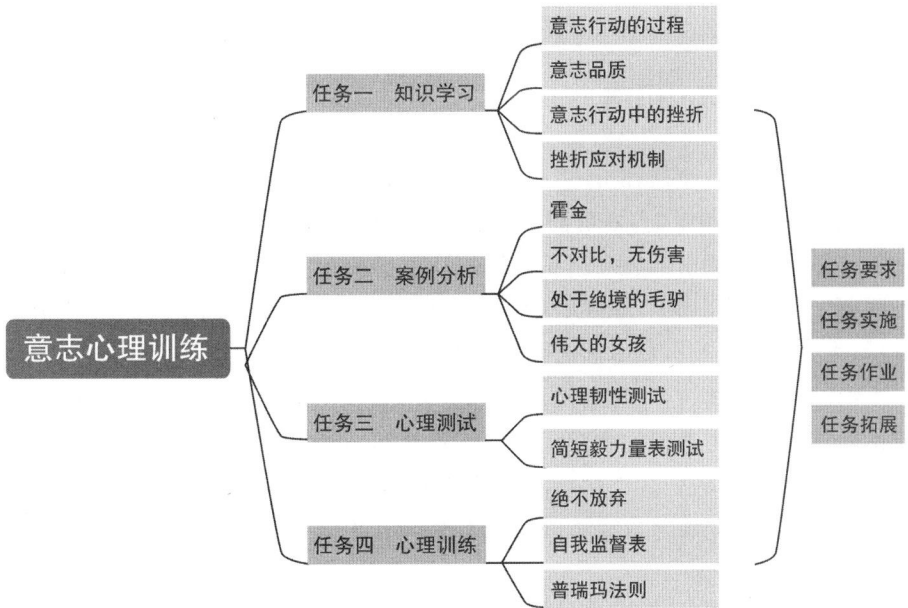

启智润心

患难困苦,是磨炼人格之最高学校。

——梁启超

不怕有九十九个困难,只要有一个坚强的革命意志就不怕困难。

——杨根思

困难与折磨对于人来说,是一把打向坯料的锤,打掉的应是脆弱的铁屑,锻成的将是锋利的钢刀。

——安东·巴甫洛维奇·契诃夫

任务一　知识学习

【任务要求】

理解并掌握意志行动过程中的双趋冲突等动机冲突4种类型、自觉性等意志品质、挫折及其应对知识,为分析、领悟和实践提供指导。

【任务实施】

1. 了解意志行动的过程。
2. 了解意志品质。
3. 正确对待意志行动中的挫折。
4. 学习挫折应对机制。

知识点1　意志行动的过程

调查显示,在"您经常遭遇挫折吗"问题上,30%的同学表示经常遇到挫折,50%的同学表示时不时遇到挫折,只有10%左右的同学表示很少或极少遇到挫折。在大学生遭遇挫折和麻烦的强度上,5%左右的大学生表示遭受挫折的程度比较严重,另外,还有高达95%的大学生经历过不同程度的挫折,只有2%的大学生认为遭受的挫折对自己的生活是没有影响的。调查数据显示,大学生遭受挫折和麻烦的频率和力度均不低。意志力薄弱的大学生在遇到挫折时,焦虑、愤恨、恐惧、慌张、自卑等消极情绪会占主导,甚至全部,以情绪反应为主,很少甚至没有理智性反应。意志力薄弱的大学生倾向于选择玩游戏、睡大觉、哭泣、抽烟喝酒、回避等消极应对方式,而意志力较强的大学生倾向于选择倾诉、自我说服、忍耐、果断、勇敢等积极应对方式。大学生采取不同应对方式必然会产生不同结果,反过来也会对意志的形成具有推动作用。

意志是人自觉地确定目标,并根据目标主动地控制行动,努力克服困难以实现预定目标的心理过程。意志是人类意识和能动性、积极性的集中表现,具有引发行为的动力作用,是人和动物在心理方面的根本区别。如大学生为了演讲比赛获奖,每天坚持6:30起床,查阅资料,感冒了也在坚持刻苦训练。该行动中,大学生所进行的与确立演讲比赛获奖目标、调节自身行为、克服困难相联系的心理活动就是意志的表现。值得注意的是,无意识的本能活动,如盲目的冲动、习惯性动作都不能算意志行动,因为其中不含或很少含积极的主观能动意识。

人采取意志行动,一般经历两个阶段。

1. 采取决定阶段

这是意志行动的开始阶段。

(1)缓解动机冲突。动机冲突包括双驱冲突、双避冲突和多重趋避冲突。

(a)双趋冲突。个体同时追求两个目标,但又无法兼得,难以取舍时产生的心理冲突。古语说"鱼与熊掌不可得兼"就是这种情况。

(b)双避冲突。个体同时受到两个威胁,产生同等强度的逃避动机,但迫于所面临的情势,必须接受一个,才能避开另一个,处于左右为难、进退维谷的矛盾状态。"前有狼,后有虎"就是这种情况。

(c)趋避冲突。个体面对同一目标时产生两种相反的动机,既想得到它,同时又想避开它,形成"欲趋之,又避之"的矛盾心理状态。某女生"想谈恋爱,又怕伤害"的内心冲突即符合这种心理状态。

(d)多重趋避冲突。个体会遇到多个目标,每个目标对自己有利也有弊,反复权衡拿不定主意所产生的内心冲突。例如,某大学生在选择加入社团时面临这样的情境:第一个社团的工作地点经常在办公室,环境安静,但很少与人接触,人脉资源积累受到限制;第二个社团的工作要求是需要开展外联工作,机会多,但不稳定,和形形色色的人打交道会增加挫折感;第三个社团则需要在校园内定期组织活动,工作地点既不在办公室也不在学校外围。当一个人面临这种情况时,不论选择哪个社团,都有利有弊,于是就会出现多重趋避心理冲突,感受到多重趋避冲突的压力。

(2)确定目标。心理冲突获得缓解,有利于确定目标和方向,这是意志行动产生的重要基础。大学生及早确定奋斗目标,有助于提高行动效率,对于自我实现有重要意义。

(3)选择方法和制订计划。

2. 执行决定阶段

(1)及时执行决定。个体快速而果断地执行计划,并非冲动和莽撞,是一个理性的过程,接受意识的监督,这是个体意志品质的重要体现。

(2)克服困难。克服困难的过程就是用意志行动战胜挫折。在这个过程中,人的认知、情绪和其他因素发挥了重要作用。

知识点 2　意志品质

意志品质关系到大学生意志力的质量,盲目的坚持不能说明意志品质高,轻易放弃也不能说明意志品质低下。具体来看,需从自觉性、果断性、自制性、坚韧性来考察意志品质。自觉性就是人有明确的目的,自觉积极地发挥主动性、遵守社会规范,在行动中不受外界干扰,但同时能接受外界的有益建议。与之相反的意志品质是人云亦云,毫无主见,半途而废。果断性就是在内、外部条件不断变化的情况下能当机立断地采取行动。与之相反的意志品质是优柔寡断,犹豫不定。自制性就是能及时控制自己的消极情绪和消极干扰因素,使自己朝着预设目标前进,保证活动任务顺利完成。与之相反的意志品质是冲动性和懦弱性。坚韧性就是行动中以充沛的精力和坚韧的毅力不断地克服困难,战胜挫折,实现预定目标。与之相反的意志品质是不坚定,易动摇,见异思迁,左顾右盼。

知识点 3　意志行动中的挫折

挫折是一种主观体验,一般来讲是消极的情绪体验,比如焦虑、消沉、退却、恐惧、惊慌失措等。

挫折包括 3 个因素:挫折情境、挫折认知、挫折反应。挫折情境是使人目的不能顺利达成的外部刺激事件或时空条件。例如:因专业理论试题难度太大,很少有人能答对;宿舍同学各有各的性格脾气,导致大家相处困难。这些现象就是一种挫折情境。挫折认知是在挫折过程中对挫折本身的认知和判断,这是挫折的核心要素,对挫折的判断准确与否、轻重程度如何、是否偏离客观情境,将影响个体顺利完成任务及完成的效率和效果。挫折反应是在挫折情境下产生的身心反应,一般是指生理反应指标,如血压、心率、呼吸、表情、动作反应等,心理反应指标如紧张、焦虑、恐惧、愤怒、狂躁、压抑、冷静等。3 个因素之间相互影响,相互制约。挫折反应依赖于挫折情境,一般来看,挫折情境严重,直接的挫折反应就越发激烈。但挫折情境是否严重,是靠对挫折情境的认知和评价来判断的,如对挫折情境评价不严重,相应的情绪反应就不倾向于消极。

大学生在大学学习和生活中,在实现自己目标的过程中,难免会遇到障碍和困难,这是大学生意志行动中的挫折。只要能正确对待,调节消极情绪,就能做到事半功倍。人的一生中难免遇到各种各样的困难和挫折,这是人生道路上必然经历的外部情境。大学生应树立一种"兵来将挡水来土掩"的心态,应对挫折,战胜困难。这种积极而正面的挫折应对方式,值得提倡。

知识点 4　挫折应对机制

人面对挫折具有一定的应对机制,也就是防御机制,常见的防御机制如下。

(1)压抑。对来自引起挫折感的外部情境进行负面处理,不主动自由表达自身焦躁、烦闷、痛苦的情绪,采取主动抑制、掩盖或伪装原情绪状态,以进行自我防御的机制。如某大学生小王在比赛结束后嫉妒同班同学,但又不好表现出嫉妒之心和行为,平时仍旧与该同学以朋友关系相处。

(2)合理化。合理化又叫文饰,是个体遭受挫折时用利于自己的理由来为自己辩解,将面临的窘境加以掩饰,从而为自己推辞或解脱的一种心理防御机制。"吃不到葡萄说葡萄酸"就是这种心理。

(3)幽默。以风趣的语言或行为来应对不良情境或表达潜意识欲望的心理。如某大学生小李用玩笑的方式和别人说自己考试失败的事情,将"试试而已""不要当真"等经常挂在嘴边。

(4)升华。个体把一些社会、自我所不能接受、不能容许的冲动和能量转化为建设性的活动能量。升华能使原有的动机冲突得到宣泄,消除消极的情绪,从而保持积极情绪状态,同时,又创造了积极的社会价值,利己利人。如某大学生小杨求爱不成,将内心的痛楚转化为创业的力量,创办了属于自己的公司。"化悲痛为力量"就是这种应对方式的具体体现。

(5)抵消。当欲望与现实发生矛盾,个体以另外一种象征性的事物来缓解矛盾的应对机制。如某大学生没有如愿当选学生会干部,转而去做志愿者,同样可以参加活动,服务大家。

(6)转移。个体的情绪转移到其他事物上,如通过运动、消费等方式来缓解挫折带来的痛苦。转移可以帮助人们暂时忘记痛苦,但长期转移是否会导致问题加剧,有待进一步研究。

(7)逃避。逃避是指通过转移注意力或逃避现实来缓解挫折带来的痛苦。逃避的方式有很多种,如沉默,沉迷于游戏、电视剧、饮酒、吸烟、睡懒觉等。逃避可以暂时缓解痛苦,但长期逃避会导致问题加剧。

(8)投射。投射是指将自己的挫折感转移到他人身上,认为是他人的问题而不是自己的问题。这种心理防御方式常见于人际关系中。如在恋爱中,当自己受到伤害时,会认为是对方的问题而不是自己的问题。这种心理防御机制是一种不成熟的防御机制,必然形成一种不成熟的关系。

(9)否认。否认是指拒绝承认挫折的存在或严重性。这种心理防御方式常见于面对严重的挫折,如失业、离婚等。鲁迅先生笔下的阿Q,在我国并不少见,阿Q的"精神胜利"就属于这种防御心理。在创伤应激障碍中,否认是表现之一,否认可以帮助人们暂时逃避现实,但长期否认会导致问题加剧。

(10)攻击。个体受挫折后,将积压的能量以语言和行为形式作用于对象,这是一种正常的心理应激机制,如打人、辱骂、侮辱人格、捏造谣言、诬陷他人、毁坏物品等。攻击的对象包括他人、物或自己。直接发起的侵犯、破坏行为可归为直接攻击,背后造谣、借人毁物、冷漠、孤立等可归为间接攻击。

(11)幻想。受条件限制达不到主观上企求的目标而心神不宁时,个体会"画饼充饥"或做"白日梦",从幻想中求得满足。

(12)退化。面对挫折时,成人表现出孩童般的语言和行为。比如哭、闹,或说出"我永远也不交朋友了""咱们现在就分手"等过激的言语。

【任务作业】
分析自身具备了意志品质的哪几方面。

【任务拓展】
回顾自我成长历程,梳理遭遇挫折时,较常采用的应对机制。分析这种机制的利弊。

任务二 案例分析

【任务要求】

阅读案例,认真体会案例主人翁面对挫折时的情感和态度,积极分析讨论,在案例分析中反思,培养顽强的意志力。

【任务实施】

对 4 个案例进行分析并从不同角度展开讨论。

案例 1

霍 金

斯蒂芬·威廉·霍金,英国剑桥大学应用数学及理论物理学系教授,当代最重要的广义相对论和宇宙论家,是当今享有国际盛誉的伟人之一,被称为当时在世的最伟大的科学家,还被称为"宇宙之王"。20 世纪 70 年代,他与彭罗斯一起证明了著名的奇性定理,为此他们共同获得了 1988 年的沃尔夫物理奖。他因此被誉为继爱因斯坦之后世界上最著名的科学思想家和最杰出的理论物理学家。他还证明了黑洞的面积定理,即随着时间的增加黑洞的面积不减。霍金出生于 1942 年 1 月 8 日,这个时候他的家乡伦敦正笼罩在希特勒的狂轰滥炸中,这迫使霍金一家搬离海格特的家园,迁到牛津避难。霍金的家人在霍金诞生后又回到了伦敦。童年时的霍金,学业成绩并不突出,但喜欢设计极为复杂的玩具,据说他曾做出一台简单的电脑。

霍金热衷于搞清楚一切事情的来龙去脉,因此当他看到一件新奇的东西时总喜欢把它拆开,把每个零件的结构都弄个明白——不过他往往很难再把它装回原样,因为他的手脚远不如头脑那样灵活,甚至写出来的字在班上也是有名的潦草。

霍金在 17 岁时进入牛津大学学习物理。他仍旧不是一个用功的学生,而这种态度与当时其他同学是一致的。这是战后出现的青年人迷惘的典型表现——他们对一切厌倦,觉得没有任何值得努力追求的东西。

到牛津大学学习生活的第三年,霍金注意到自己变得更笨拙了,有一两回没有任何原因地跌倒。一次,他不知何故从楼梯上突然跌下来,当即昏迷,差一点死去。

直到 1962 年霍金在剑桥读研究生后,他的母亲才注意到儿子的异常状况。刚过完 21 岁生日的霍金在医院里住了 2 个星期,经过各种各样的检查,被确诊患上了"卢伽雷氏症",即运动神经细胞萎缩症。

大夫对他说,他的身体会越来越不听使唤,只有心脏、肺和大脑还能运转,到最后,心和肺也会失效。1963 年霍金被"宣判"只剩 2 年的生命。

起初,这种病恶化得相当迅速。这对霍金的打击是可想而知的。他几乎放弃了一切学习和研究,因为他认为自己不可能活到完成硕士论文的那一天。

霍金的病情渐渐加重。1970年,在学术上声誉日隆的霍金已无法自己走动,开始使用轮椅。

永远坐进轮椅的霍金,极其顽强地工作和生活着。

1991年3月,霍金在一次坐轮椅回柏林公寓,过马路时被小汽车撞倒,左臂骨折,头被划破,缝了13针,但48小时后,他又回到办公室投入工作。

又有一次,他和友人去乡间别墅,上坡时拐弯过急,轮椅向后倾倒,被地球引力翻倒在灌木丛中。

尽管身体的疾病日益严重,霍金依然力图像普通人一样生活,完成自己所能做的任何事情。

当然,霍金也尝到过"自由"行动的恶果,这位量子引力研究领域的大师级人物,多次在微弱的地球引力下,跌下轮椅,幸运的是,每一次他都顽强地重新"站"起来。

霍金的研究对象是宇宙,但他对观测天文从不感兴趣,只用望远镜观测过几次。与传统的实验、观测等科学方法相比,霍金的方法是靠直觉。

"黑洞不黑"这一伟大成就来源于一个闪念。1970年11月的一个夜晚,霍金在慢慢爬上床时开始思考黑洞的问题。他突然意识到,黑洞应该是有温度的,这样它就会释放辐射。也就是说,黑洞其实并不那么黑。

这一闪念在经过3年的思考后形成了完整的理论。1973年11月,霍金正式向世界宣布,黑洞不断地辐射出X光、伽马射线等,这就是有名的"霍金辐射"。而在此之前,人们认为黑洞只吞不吐。

从宇宙大爆炸的奇点到黑洞辐射机制,霍金对量子宇宙论的发展做出了杰出的贡献。霍金获得1988年的沃尔夫物理奖。

"我的手指还能活动,我的大脑还能思考;我有终身追求的理想,我有我爱和爱我的亲人朋友;对了,我还有一颗感恩的心……"(在一次新闻发布会上,一位女记者提出一个刁钻的问题,但霍金还是以恬静的微笑这样回答)霍金不仅以他的成就征服了科学界,也以顽强搏斗的精神征服了世界。励志照亮人生,成功改变命运!

分析与讨论

小组讨论,从霍金的成长经历看,他身上体现了哪些意志品质?霍金用了何种挫折应对机制?简要评议霍金的意志行动。

案例 2

不对比,无伤害

9月新学期开学后,被录取学生与落榜学生仍在同一宿舍,那些成功的同学脸上绽放着笑容,每天都会在宿舍进行学习心得的交流。他们"升本"之后的生活是落榜学生曾经向往的。

落榜学生小Q情绪极度沮丧,自述:"考试结果出来那天,简直就是一场噩梦。没想到,我花了那么大的力气,最后还是没考上。我不知道,未来是什么,我该何去何从。现在我什么都不想干,对什么都没有兴趣,一想起考试就感到窒息、心痛。每天饭也吃不好,还失眠。我劝自己别想了,反正已经这样了,但还是控制不了自己,感觉一切都糟透了。"

同时,新学期开学后就要面临毕业找工作的问题,但作为专科生的小Q又不愿去想这些,生活态度变得消极,不愿上课,整日无所事事,以玩游戏来排解压力,虽然也想改变自己目前的状况,但又不知该从何做起。

分析与讨论

小Q是否经历了挫折?他的挫折情境是什么?他对挫折的认知及挫折反应是什么?"挫折反应依赖于挫折情境,挫折情境越严重,挫折反应就越发激烈。但挫折情境是否严重,是靠对挫折情境的认知和评价来判断的,如对挫折情境评价不严重,相应的情绪反应就不倾向于消极。"请用这一段话对小Q的挫折反应进行分析,并给出至少1条建议。

案例 3

处于绝境的毛驴

有一头驴子掉进了枯井里,不停地叫唤,企图呼唤主人来救它。一会儿主人带着几个人来了,他们采用了好多种方法,也未能将驴子救出井口。其中一人说:"算了,这头驴子也老了,埋掉也不可惜。咱们干脆把枯井填平,以防别的驴子再掉进去。驴子虽然为咱出了力,咱也对得起它,把它埋在枯井里,也算有个好归宿。如果把它救上来,将来死了,还得被人吃掉。"大家同意这个意见,纷纷拿起铁锨开始填井。当驴子发现第一锨土从天而降时,很快明白自己将面临灭顶之灾。它哀怜而凄惨地号叫着,希望人们能改变主意,然而迎接它的却是一锨一锨的黄土。片刻,人们听不到驴子的哀号声,井里出奇地安静。人们以为驴子死了,然而,当人们把目光投入井底时,却吃了一惊。他们发现,当每一锨土砸在驴子背上的时候,驴子都会抖掉身上的土,然后抬脚把土踩实。人们被驴子的智慧和自救精神感动了,再倒土时尽量贴着井壁,避免砸在驴子的身上。时间一秒秒过去,枯井被土一锨一锨填平,而驴子也奇迹般地从枯井中走了出来。

分析与讨论

案例中的人们面临什么样的动机冲突?这头驴子在面对挫折时采取了什么措施?付诸行动后,其防御机制对自救起了什么作用?本案例对你有何启发?

案例 4

伟大的女孩

海伦·凯勒是一位盲、聋、哑三重残疾的女孩,但她的故事却是振奋人心的励志传奇。在她的家人和老师的帮助下,她克服了极大的困难,钻研学习,成为一位作家、演说家和社会活动家。海伦·凯勒出生时是个健康的孩子,但在19个月大时突然患上了疾病,失去了视力和听力。她变得孤立无援,无法理解周围的世界。她非常沮丧,经常发脾气,无法与人交流。幸运的是,海伦的家庭雇佣了一位老师安妮·沙利文。安妮帮助海伦恢复对世界的信任和对语言的理解。她用手指着海伦的手,让她感受到事物的形状和名字。在安妮的帮助下,海伦逐渐学会了手语,并开始了解世界。海伦非常聪明,有着良好的记忆力和批判性思维。她勤奋学习,用顽强的毅力克服重重困难,通过手语和触摸来理解世界,掌握了英语、法语、德语等五国语言。在接受了多年的教育之后,她进入雷德克利夫学院,并成为第一位获得文学学士学位的聋盲作家。她完成了一系列著作,并致力于建立为残疾人造福的慈善机构,被美国《时代周刊》评为美国十大英雄偶像,荣获"总统自由勋章"等奖项。主要著作有《假如给我三天光明》《我的生活》《我的老师》等。

一个盲人竟然能取得如此巨大的成就,真是令人惊讶不已!如果海伦屈服于不幸的命运,那么她将成为一个可怜而又愚昧的寄生者。然而她没有向命运低头,反而用顽强的精神,走完了人生的道路,为人类作出了巨大的贡献,成为一个知识广博、令天下人尊敬的人。

分析与讨论

海伦·凯勒在面对巨大困难时,如何不屈服于不幸的命运?她的挫折应对机制是什么?

【任务作业】

结合情绪调节 ABC 法谈一谈个体在执行决定阶段,克服困难过程中,对挫折的评价如何影响个体情绪?

【任务拓展】

观看影片《肖申克的救赎》《高考 1977》《致我们终将逝去的青春》,撰写一篇心得体会,并将体会与大家交流。

任务三　心理测试

【任务要求】

认真阅读测试要求,根据自己的第一感觉,实事求是地完成测试,对测试计分解释了然于心,以平静心态看待测试及其结果,了解自己意志力等方面的现状,评估自己在意志力掌控、行为自律等方面的现状,并学会觉察和对比,找到努力方向。

【任务实施】

1.完成心理韧性测试。

2.完成简短毅力量表测试。

测试 1　心理韧性测试

心理韧性量表

指导语:下表是用于评估心理弹性水平的自我评定量表。请根据自己过去一个月的情况,在每个题项后,选出最符合你的一项。

题项	从来不	很少	有时	经常	一直如此
1. 我能适应变化。	0	1	2	3	4
2. 我有亲密、安全的关系。	0	1	2	3	4
3. 有时,命运或上天能帮忙。	0	1	2	3	4
4. 无论发生什么我都能应付。	0	1	2	3	4
5. 过去的成功让我有信心面对挑战。	0	1	2	3	4
6. 我能看到事情幽默的一面。	0	1	2	3	4
7. 应对压力使我感到有力量。	0	1	2	3	4
8. 经历艰难或疾病后,我往往会很快恢复。	0	1	2	3	4
9. 事情发生总是有原因的。	0	1	2	3	4
10. 无论结果怎样,我都会尽自己最大的努力。	0	1	2	3	4
11. 我能实现自己的目标。	0	1	2	3	4
12. 当事情看起来没什么希望时,我不会轻易放弃。	0	1	2	3	4
13. 我知道去哪里寻求帮助。	0	1	2	3	4
14. 在压力下,我能够集中注意力并清晰思考。	0	1	2	3	4
15. 我喜欢在解决问题时起带头作用。	0	1	2	3	4
16. 我不会因失败而气馁。	0	1	2	3	4
17. 我认为自己是个强有力的人。	0	1	2	3	4
18. 我能做出不寻常的或艰难的决定。	0	1	2	3	4
19. 我能处理不快乐的情绪。	0	1	2	3	4
20. 我不得不按照预感行事。	0	1	2	3	4
21. 我有强烈的目的感。	0	1	2	3	4
22. 我感觉能掌控自己的生活。	0	1	2	3	4
23. 我喜欢挑战。	0	1	2	3	4
24. 我努力工作(学习)以达到目标。	0	1	2	3	4
25. 我对自己的成就感到骄傲。	0	1	2	3	4

【任务作业】

学习用测试结果解释自己的心理韧性情况,将自己的得分情况与周围同学进行比较,发现自己需改进的地方。

【测试简介】

该量表为康奈尔韧性量表,由凯瑟琳·M.康纳和乔纳森·R.T.戴维森等于2003年编制,是目前应用最广泛的心理韧性测量工具,包含25个项目,分为坚韧、力量、乐观、支持和信任5个维度。张建新、余肖楠等人于2007年对该量表进行了3个维度划分,将量表维度分为力量性、坚韧性和乐观性。

【计分方法】

采用李克特五点计分法(0~4分),共25个条目,每个条目从"从来不"到"一直如此"分别赋予0~4分,被试得分越低,表明心理弹性越低,反之亦然。

【得分解释】

条目得分相加为量表总分,总分为0~100分,分值越大说明心理弹性水平越高,得分在60分以下说明心理弹性水平较低,61~69分表明心理弹性水平一般,70~79分表明心理弹性水平良好,大于等于80分表明心理弹性水平优秀。

测试2 简短毅力量表测试

简短毅力量表

请你根据过去或近半年的情况,回答以下问题,并圈出适当的数字。请确定你已回答所有问题。

序号	题项	非常不像我	不太像我	有点像我	很像我	完全像我
1	我经常定下目标后选择追求另一目标。	0	1	2	3	4
2	新想法和计划有时会使我不能专注于先前的想法和计划。	0	1	2	3	4
3	我曾经短期内专注于某一想法和计划,但之后便失去兴趣。	0	1	2	3	4
4	我很难一直专注于一些需数月去完成的计划。	0	1	2	3	4
5	我会完成任何着手去办的事情。	0	1	2	3	4
6	挫折不会使我泄气。	0	1	2	3	4
7	我是个勤劳的人。	0	1	2	3	4
8	我做事勤奋。	0	1	2	3	4

【任务作业】

学习使用简短毅力量表测试方法,计算自己的毅力指数。

【测试简介】

此量表由安吉拉·李·达克沃斯和帕特里克·D.奎因于2007年编制,这是一个量度追寻长远目标的毅力和热诚的量表,测试者以0～4分表达他们对题目的认同程度。

【计分方法】

反向题目为1、2、3、4,选0计4分,选1计3分,选2计2分,选3计1分,选4计0分。

毅力指数＝1＋2＋3＋4＋5＋6＋7＋8

【得分解释】

8个题项得分相加,得分越高,毅力指数越大,反映意志力越坚定,反之越容易动摇。

【任务拓展】

给自己的意志力写一个评语,并请大家给自己提出尽量多的建设性意见和建议。接着思考,自己所遇到的挫折,给自己带来最大的收获是什么?

任务四　心理训练

【任务要求】

知晓心理训练的目的,主动树立训练目标,熟练操作心理训练的活动步骤,训练过程中全身心参与,认真体验,深刻总结讨论,在训练中获得真正成长。

【任务实施】

完成训练1、训练2、训练3的任务内容。

训练1　绝不放弃

在指定的时间内(60～80分钟),所有人围成一个圆圈同时盘腿而坐,双手合十,眼睛全程保持向前看,挺直背部,搓手,搓手的频率一分钟不能低于100次。

下面开始:

第一步,提出第一个问题:我的目标与梦想是什么?并说出各自的目标梦想和现实中梦想的实现程度。

第二步,进行搓手活动,各自说出自己在搓手环节中能够坚持的时间。

第三步,搓手动作正式开始。活动进行5分钟后,开始播放音乐。伴随着强劲有力的音乐以及老师颇具激励的言语,在这种氛围下,渐渐地大家从一开始想要放弃,到因为担心被惩罚而被动地不敢放弃,再到为了实现目标主动地不愿放弃,内心几经冲突。此时,大家才明白只有不断突破自己才能完成任务目标。通过外部氛围的激励和内部个人的坚持,大家最终完成了60分钟的挑战。得知全体坚持60分钟,大家都难以置信,这个数字已远远超过自己曾以为的5分钟或更少。

训练2　自我监督表

大家制订一个监督表,并根据实际行动与表格内容的吻合度作记录,坚持一周。高度吻合打"√",基本吻合打"✓",不吻合打"×"。对于打"✓"和打"×"的内容,要求进行简要的反省和总结,并列出改进措施。

内容	完成情况	总结与改进措施
闹钟一响就起床		
玩手机和电脑时间不超过2小时		
念头出现,能及时制止		
养成良好习惯并能坚持下来		
每天干一件自己不愿意干的事		

训练3 普瑞玛法则

坚持尝试用一周或者更长时间以下列方式生活,你会发现整个人就很不同了,如果能继续坚持,那软弱的意志力就会永远不敢再接近你。

你可以先用一天到两天时间给自己做一个行为记录,把每天要做的事情记下来,包括记录所有的生活活动。大大小小的生活活动大约有几十项,然后把其中一些吃饭、穿衣等必须完成的事情剔除。此后,把剩余下来的几十件事情按照兴趣排列,把你最不喜欢做的事情放在第一位,把你最喜欢做的事情放在最后一位。

最后,你就可以在一周内行动了。每天一早起来,从你最不喜欢的事情开始做起,并且坚持做完第一件事情,再做第二件事情……一直做到最后一件你喜欢的事情。

在整个过程中,你一开始会稍微觉得困难,但只要花很少的力气稍稍坚持,就能顺利进行下去。千万不要在中途跳过那些你不喜欢做的事情。

这种方式是一种强化作用的方式——先处理困难的事情,再处理不那么困难的事情。先强化前面行动,然后再继续,强化的效果会越来越大,一直大到你觉得有力量完成任何事情。

【任务作业】

制作"挫折应对卡"。请同学们认真填写并在小组内宣读自己的"挫折应对卡",建议同学们将此卡制作成手机屏保、电脑桌面图,或贴在醒目的地方,时常提醒和鼓励自己。

学习不顺、考试受挫时,我要做到:＿＿＿＿＿＿＿＿＿＿＿＿＿＿＿＿＿＿＿。

手机玩得过久,又不得不停止时,我要做到:＿＿＿＿＿＿＿＿＿＿＿＿＿＿＿。

被提分手,情绪低落时,我要做到:＿＿＿＿＿＿＿＿＿＿＿＿＿＿＿＿＿＿。

与别人对比,差距较大而自卑时,我要做到:＿＿＿＿＿＿＿＿＿＿＿＿＿＿。

竞选落榜,不知所措时,我要做到:＿＿＿＿＿＿＿＿＿＿＿＿＿＿＿＿＿＿。

闹钟响起,要去操场跑步,感觉天气太冷时,我要做到:＿＿＿＿＿＿＿＿＿＿。

请接着再假设出若干个可能出现的挫折情境,并用横线上提前制定好的措施加以应对,以便未雨绸缪,提高自身应对挫折的能力。

【任务拓展】

撰写一篇不少于 800 字的自我成长报告,报告中应包含一次难忘的挫折经历、当时自己的心理状态、应对方法,以及你想对现在的自己说的话。

模块七
自信训练：自卑—自大—自信

知识目标

1. 了解自信的含义。
2. 了解自信在大学生成长过程中的作用。
3. 掌握自信和自卑的心理行为特点。
4. 掌握自信测试方法和提升自信心的方法。

能力目标

1. 学会发现自身自尊、自信心水平现状，敢于面对。
2. 学会针对不同案例进行对比分析并进行反思。
3. 学会熟练运用缺陷感测试量表等心理测试量表，能用测试结果解释自尊、自信现状。
4. 能根据训练步骤进行自信心提升训练，明显增强自我效能感。

思政目标

勇于面对不足，敢于自我批评，形成良好私德，并将形成的高自我效能感自觉融入"四个自信"教育学习中，展现伟大中国梦实现"功成不必在我，功成必定有我"的良好姿态。

模块学时

1～2学时

模块导览

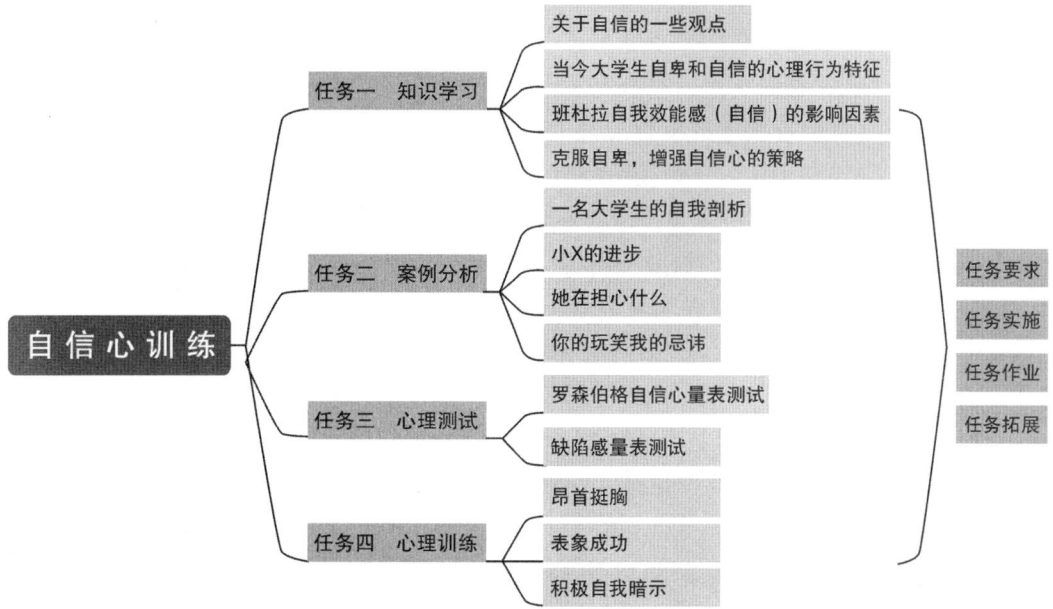

> **启智润心**
>
> 先相信自己,然后别人才会相信你。
> ——罗曼·罗兰
>
> 恢弘志士之气,不宜妄自菲薄。
> ——诸葛亮
>
> 自信是成功的第一秘诀。
> ——爱默生

任务一　知识学习

【任务要求】

认真学习知识点1至知识点4所述自信知识,运用自信相关知识填补自身对自信的认知空白,为发现自信的"我"打下基础。

【任务实施】

1. 学习关于自信的一些观点。
2. 学习当今大学生自卑和自信的心理行为特征。
3. 了解班杜拉自我效能感(自信)的影响因素。
4. 掌握增强自信的策略。

知识点1　关于自信的一些观点

自信,来源于英文单词"self-confidence",即相信自己。罗森伯格认为自信是对自我能力的肯定。马斯洛在需要层次理论中指出,自信是当自尊需要得到满足时,个体产生的一种积极的情感体验。迪克斯坦认为自信是一种自我效能感。国内学者张春兴认为自信是个体对自己的信任。我们可以从另一角度来理解自信,即自我效能感。美国著名心理学家班杜拉于1977年提出自我效能感的定义,自我效能感是指人们对自身能否利用所拥有的技能去完成某项工作行为的自信程度。其功能表现为:①决定个体对活动的指向及对该活动的坚持性;②影响个体在挫折面前的态度;③影响个体新行为的习得表现;④影响个体活动时的情绪表现。

自信心是一个复杂的心理系统,体现了个体对自身成功应对特定情境的能力的估价。自信心表现出对自身力量的确信,深信自己一定能做成、做好某件事,实现自我追求的目标。

知识点2　当今大学生自卑和自信的心理行为特征

(1)自卑。自卑是某些生理、心理或社会诱因引起的一种不良情绪状态,具体表现为对自己的能力和品质的评价偏低,特点是自我隐蔽和退缩,是焦虑和恐惧的衍射,也是悲观信念的主导。换种说法,自卑表现为不自信或信心缺失或自我效能感低。自卑心理行为特征广泛存在于大学生群体中,严重影响着他们的心理健康。部分大学生因学习、生活、人际关系和环境等方面遇到挫折而形成自卑心理,最终导致各种心理问题的产生。比如,一名大学生因面部有疙瘩,体型瘦弱,从小被同学冷落嘲讽,不愿意去人多的场合,也不愿意参加班级和学校举行的各种活动,怕别人笑话自己而尴尬。这种类型的心理会对大学生学习、生活造成不良影响,使大学生在挑战面前否定自我,在成功面前放弃机会。

(2)自信。自信是自己相信自己。自己相信自己是一种健康积极的心态,这种心态会激发人们用自己的智慧克服重重困难,最终实现目标。在爱因斯坦提出和证明相对论以后,有人曾炮制了一本《百人驳相对论》,网罗了一些所谓的名流对这一理论进行攻击。但爱因斯坦坚信自己的理论必然胜利,对这群人的攻击不屑一顾。他说:"假如我的理论是错的,一个人反驳就够了,一百个零加起来还是零。"他坚定了必胜的信念,坚持研究,终于使相对论成为20世纪的伟大理论。

自信的大学生,对自我的评价是积极而正面的。比如,在充分认识和了解任务后告诉自己"我能行",这是对自己能力的肯定。自信的人的心理行为特征主要表现为自我认识客观而全面,心态乐观而积极,以正面情绪应对困难,意志力坚强,具有较强的韧性,行为果断。

总的来说,自信是一种积极的心理品质,建立在充分的自我认知基础上,表现为对自己的能力和价值有合理的认识,并在实践中表现出一种积极进取的精神。自信不是自负,自负是一种消极的心理品质,类似于过度骄傲和自夸,都是一种不切实际的认知,具有盲目性和扭曲的自我肯定性。

知识点3 班杜拉自我效能感(自信)的影响因素

(1)直接经验(direct experiences)。个体亲身体验的直接经验对自我效能感的影响最大。一般来说,个体成功经验会提高效能期望,失败经验会降低效能期望。效能期望就是自己对自己自信心的估计。

记录自己成功完成过的事情,并且持续去做自己能够完成的事情,这是改变自我效能感最直接、有效的方法。

(2)替代经验(vicarious experiences)或模仿。人的许多效能期望来源于习得他人的替代经验。关键点是观察者与榜样的一致性,即榜样的情况与观察者要相似或相同,共同点越多,榜样的激励作用就越大。没有相同点的参照对象无法起到榜样作用,对自我效能感的提升也就没有正面意义。

近朱者赤,近墨者黑。我们应该多和成功或追求成功的人交朋友,和自己境况相似的朋友建立认同感。这样的朋友会相互影响,树立自信,迈向成功。

(3)言语劝说(verbal persuasion)。在直接经验(自己亲身经历和感悟)或替代经验(作为局外人观察他人后形成自己的经验)基础上进行劝说,效果会更好。积极的语言暗示代表着自我激励和他人的支持,切合实际的外部语言暗示会增强个人感受到的无条件积极关注度,而无条件积极关注度也会显著增强自信心。

他人的劝导和激励,特别是关系亲密之人的激励能有效提振人的信心,有时来自陌生人的言语劝说也有着强大的力量。

(4)情绪唤醒(emotion arise)。高水平的唤醒会导致成绩降低而负面影响自我效能。当人们不为厌恶刺激所困扰时更期望成功,但个体在面临某项活动任务时表现出的身心反应、高唤醒度的情绪通常会妨碍正向行为的表现,从而降低个体自我效能感。

中等强度的情绪反应有助于自我效能的形成,而过度强烈或过度低落的情绪反应会削弱自我效能的功效。我们在学习、工作中不应被情绪控制,而应努力让情绪保持在一个较为稳定的水平。

(5)情境条件(Situational conditions)。对于不同的人而言,不同环境所提供的信息差异显著。班杜拉认为,当一个人进入陌生而又易引起焦虑的情境时,其自我效能感水平与强度就会降低。

在陌生环境出现前,花一些时间建构心理表象,成功预见未知的情境,通过"操作"未知情境,提前在大脑里熟悉情境,有利于降低焦虑感,增强自信心。大学生可以经常在考试前表象自己自信满满考试答题而顺利通过的情境。

以上5种因素对自我效能的作用依赖于认知和评价,5种因素可以单独发挥作用,也可共同对人的自我效能形成产生影响。然而,自信的建立是内因和外因共同作用的结果,人的内部信念与评价是自信建立的内因,个人归因方式是影响自信建立的核心内因。

知识点4 克服自卑,增强自信心的策略

关于如何培养自己的自信心,不同的人有不同的看法,现简要归纳。

(1)发现自己的优点。学会分析自己的长处和短处,每个人都是有短板的,不要因为自己有缺点而否定自己。要学会发现自己的闪光点并扬长避短,把优点发挥出来,写下值得自己骄傲的事,写下今天做得成功的一件事,或者找一张纸写下自己的优点,当情绪消极、自卑的时候,拿出来,一遍一遍地读,慢慢地,信心会增强。

(2)学会接受赞扬。当别人夸你的时候,不用觉得不好意思,大方接受就好。人的不自信70%来源于别人的不肯定、不认可,这是不自信情绪存在的直接诱因。

(3)多和优秀的人接触。《荀子》曰:"与凤凰同飞,必是俊鸟;与虎狼同行,必是猛兽。"和优秀的人相处,彼此成就;和错误的人同行,互相消耗。优秀是可以传染的,遇强则强,要学习人家好的习惯、思维方式、各类经验,当你能彻底融入这个圈子的时候说明你也不错。

(4)大量阅读,摄取知识。当你持续阅读、积累知识的时候,交谈内容的深度会得到别人的夸赞和赏识,成就感会提升。

(5)培养自律的习惯。孟子曰:"君子自修,以修人也。"《论语》曰:"不患人之不己知,患不知人也。"自律能让你培养很多好习惯,会让你变得更优秀,从而越来越自信。自律并不是不食人间烟火,而是根据自身实际情况做出与规则和规范相符的行为,对自我要求适度,低于或高于一定的度,则会产生不适感。

(6)多做自己擅长的事情。自卑心理产生的原因是觉得自己众多方面不如别人。如果你不想一直被这种心理问题困扰,那就多做自己擅长的事情,以此获得他人赞赏的眼光,从而获得更强的自我认知,增强自信心。

(7)尝试多表达自己的看法。多参与集体活动讨论,在公众面前多发表自己对某件事情的想法和建议,从而锻炼自己的胆识和敢于发言的能力,增强自信心。

(8)管理个人形象。多注重自身外表的打理,保持干净整洁,能显著提升你的整体气场。根据TPO原则①,讲究礼仪礼节,能增强自信心。

(9)乐于接受不同观点。不同观点代表不同挑战。如你能对不同观点甚至反对声音兼容并蓄,并将它们变为对自我有用的资源,说明你有能力变得更强。

【任务作业】

尝试理解"不要把自己看得太强,以致眼高手低;不要把自己看得太轻,以致畏缩不前",将自己的观点与组内成员分享。

【任务拓展】

将全班分成若干组,各小组间开展竞赛,接龙有关自信心的名言警句,组内任何成员均可接龙,接龙失败的组别被淘汰,剩余组别继续接龙竞赛,最后剩余1组胜出。在胜出的组内继续接龙,组内成员间开展内部接龙竞赛,看谁能夺冠。竞赛结束,随机抽取3位组员的名字,并让被抽取名字的组员分别谈谈感受。

任务二 案例分析

【任务要求】

阅读案例,将案例中的主人翁与自己对照,认真参与并积极分析讨论,帮助自己与他人反思醒悟,共同商讨解决办法,一起成长。

【任务实施】

对4个案例进行分析并从不同角度展开讨论。

案例1

一名大学生的自我剖析

都说大学是一个小社会,现在自己真的体会到了。以前,我是一个不会为人际关系烦恼的人,但现在自己在人际关系方面有了一些烦恼。同学们来自不同的地方,受过不一样的家庭教育,经历过不同的成长环境,形成了不同的三观,所以会有不同的想法和观点。我觉得自己有很大的问题。我特别在意别人对我的看法,做什么事情都小心翼翼,还总是好心办坏事。

---

① TPO原则是有关服饰礼仪的基本原则之一。其含义是要求人们在选择服装考虑其具体款式时,首先应当兼顾时间(time)、地点(place)、目的(object),并应力求使自己的着装及其具体款式与着装的时间、地点、目的协调一致。

我总是担心别人讲我坏话,经常思考我是不是什么地方做得不好,会不会又说错了什么话让同学生气了。我怕别人不喜欢我,感觉越是小心翼翼,好像越容易犯错,自己也会因此心情不好。我有着一颗"玻璃心",可能别人说的一句话,尽管并不是特别过分的话,也会很影响我的心情。我有时甚至会一个人躲起来哭。女生宿舍偶尔娱乐八卦一下很正常,而我就会特别担心。我有时会想,我不在场的时候她们是不是也这样八卦我啊?何况我就是不招人喜欢的样子。后来慢慢地发现身边的同学似乎对这些并没有特别在意,是我自己过分关注这些了,这种心理问题也渐渐得到好转。

以前的我还是一个害怕孤独的人。女生嘛,就喜欢一起吃饭,一起上课,干什么都在一起。如果室友忘记我了,我会很难过、很伤心。虽然这些只是生活上的小事,却给我带来很大的困扰,我会因为这些小事而变得情绪特别低落。随着大学生活的不断丰富,我慢慢发现,没有人会陪自己一辈子,每个人都有自己的事,人生大多数时候是孤独的,总要学会自己独处。更何况出了社会,基本上都是孤军奋战,没有必要为了这些生活上的小事郁郁寡欢,而要学会在这些小事中成长。

女生或多或少都会因容貌而焦虑。我觉得自己的皮肤黑,身材胖,五官不好看,腿型不好看,太矮了,身体比例不好。身边的人对我的外形时不时开开玩笑,我也会很在意。我曾经喜欢过一个男孩子,由于自卑,也不敢主动迈出一步,直到看见他的女朋友,我更加自卑了。于是,我努力减肥,注重形象管理,开始买一些好看的衣服,可仍然觉得不够好。在成功减肥20斤以后,就想一直减,但一直瘦不下去,情绪特别低落。那段时间我会胡思乱想,情绪持续低落,开心不起来。吃一点东西,心里就会产生罪恶感,甚至采用极端的方法——催吐,把吃进去的东西想办法吐出来,头发大把大把地掉,根本开心不起来。这些都只是生活中的小事,却让我很困扰。慢慢地我自己也开始意识到心理出现问题了,就想着出去走走,转转。现在很多事情也想通了。记得有一个奶奶说我们这个年纪的人都好看,无关颜值和身材,是我们这个年纪好看,是我们的青春好看。对于每个人来说,青春年华都是自己美好的回忆。后来,我也不会特意想着减肥,逐渐明白了开心和健康更重要,不要太在意别人的看法。

分析与讨论

该大学生在自我剖析过程中,曾深深地对自我哪方面不满意?试分析该大学生自卑的原因。你怎么看"后来,我也不会特意想着减肥,逐渐明白了开心和健康更重要,不要太在意别人的看法"这句话?主人翁有何转变?

案例 2

小 x 的进步

3年前的6月,小 x 终于结束了自己一生中最关键的一次考试——高考。考完那天他始终反应不过来,以前总想着赶紧毕业,结束这枯燥无味的高中生活,可是刚结束高中生活的那几天,却始终开心不起来,不知道自己到底在害怕什么,是害怕长大要承担自己应有的责任还是害怕在步入社会的过程中所要面临的一切问题。他总在心里问自己:"是不是太胆小、懦弱而不敢面对即将出现的一切困难?"

来到大学,一个人带着行李,没有家人的陪伴,而以前开学时总会嫌父母很烦,在旁边唠叨不停。显然这一年,小 x 害怕孤独,也害怕看见一张张陌生的面孔……小 x 以前生活在小县城里,基本不讲普通话,来到一个比自己城市还大的地方,由于普通话讲得不是那么顺,他害怕与别人交流。很庆幸,遇到的室友、同学都是很有亲和力、开朗、大方的人。

小 x 认为,其实最让他难以适应的不是陌生的大学生活,而是自己在学习上与别人的差距。别人见多识广,自己却孤陋寡闻。每次上课对于老师所提的问题,别人总是对答如流。小 x 每次都在问自己:"看看自己和别人的差距不是一点点,以后找工作的时候怎么和别人拼?"每次遇到这些烦心事,他总会约上几个喜欢踢球的小伙伴,换上球鞋、球服,到足球场上发泄。即使踢上 3 小时,他也不会觉得很累。每次踢完回到宿舍,大汗淋漓,休息一下,去洗个澡,他总感觉什么压力、不开心的事都会烟消云散。

来到大学以后,小 x 最害怕亲戚朋友问他读的什么专业,这个专业好不好就业,以后的薪资怎么样。他不想回答,因为这个专业在他们眼中毕业即失业,特长生在他们眼中也变成了头脑简单、基础知识薄弱的人,以后顶多当一名小学老师。家族里总有人对他的事情议论纷纷,可是他们并不知道考上现在的大学是自己拼命训练、努力学习换来的结果。

大学学习和生活的时间过得很快,一眨眼两年时间就要过去了,大家即将面临实习、考证、毕业、就业等一系列问题。在大学里,小 x 也学会了积极调整自己不自信的心态。他在大学里,实现了加入学校足球队的一个小梦想,虽然在前阵子的比赛中坐了冷板凳,但是他没有气馁,在第一次上场时就为学校贡献了一粒宝贵的进球。他对此感到非常自信和自豪。比赛后,小 x 对自己说:"当别人没有发现我的价值时,我决不能放弃自己。我要相信自己所诞生的这个世界里一定会有我绽放光芒的地方。"

分析与讨论

小 x 的烦心事是什么?从"看看自己和别人的差距不是一点点,以后找工作的时候怎么和别人拼"到"当别人没有发现我的价值,我决不能放弃自己。我要相信自己所诞生的这个世界里一定会有我绽放光芒的地方",反映了小 x 怎样的心理过程?

案例 3

她在担心什么

有一名女生,来自农村,学习和长相都不出众,在家中排行老二。她还有一个姐姐。这名女生从小在亲戚家长大,直到 10 岁那年,才回归原生家庭。在亲戚家生活的这几年,不受重视和关爱,回归原生家庭至今,感觉自己在家中是外人。姐姐对她的要求很严格,不允许有错误发生。姐姐要求她按部就班,这让她很少有自由发挥的机会。上学期间,她因学习方法不当、动作慢、效率低而遭到老师的冷落和同学的嘲笑。姐姐在出嫁后将重心转移到了姐夫的妹妹身上。有一次和姐姐视频时,看到姐姐一边和自己通话,一边辅导姐夫的妹妹写作业,还不时呵斥,此情景刺激了她。她认为姐姐再也不关心自己了,如果连姐姐都不关心自己,世界上就没有人关心自己了。不良情绪困扰她至今。上个学期系里组织大家到俱乐部开展活动，这名女生抱怨，怎么除了自己，全都是男生，因而没有主动参与到活动中去，而是默默无闻地在背后一个人做事。事后，老师对她颇有意见，说她没有团队精神，这句话深深刺激了她。她认为自己是一名相貌平平、并不出众的女生，突然要参加有很多男生加入的活动，还要轮流表演节目，会让自己无地自容，所以当时决定不参加，而老师并不了解她自卑的一面。后来每天睡觉前老师批评她的画面会自动浮现。她自己也一次次反省，到底自己这样做是不是真的错了，于是出现了失眠的情况。她知道自己一直都有点自卑，这个问题在生活中如影随形。跟同龄人比，她的能力太差了，几乎无所长。多数情况是，如果再遇到别人对自己持怀疑态度的话，她会更加觉得自己不够好。现在的她，精力不充沛，学习效率明显下降，感觉自己不会与人相处了，生怕自己再犯下什么错误，因此经常反省自我，甚至到了自责的境地。

分析与讨论

这名女生存在的比较明显的心理问题是什么？总结造成该女生心理问题的主客观原因。思考如何正确评价自我，克服自卑。

案例 4

你的玩笑我的忌讳

对于一个身材不好、有点胖的女生来说，在大学感受到的"恶意"是我高中从未有过的，这是我最大的心理问题。高中同学从来不会拿别人的身材开玩笑，但是在大学，有位学长经常对我的身材开玩笑，每次见面都会对我说一句："你真的太胖了。"在这件事情上，我也对这位学长生过气。这位学长告诉我，这是开玩笑的，并且他觉得我们关系好，所以认为我不会生气。但在我看来，真正的朋友是不会拿你的短处开玩笑的。这位学长对我的伤害，让我陷入一时无法愈合的痛苦中。我们很有可能因为身材不好而遭受到别人的嘲笑，或因外表不佳而受到别人的嘲讽。但是，我们是为自己活着的，应该远离那些伤害我们的人，没有人可以规定你必须是什么样的，我的世界由我定义。

有些时候我们看着这个世界，觉得它的一切都很糟糕，却没意识到，其实我们面对着的也是一面镜子。我们也许会在某一刻，某一个契机下，突然醒悟过来：即使我们发现过去的自己真的不尽如人意，可无论什么时候，我们一直都有选择改变的权利。人都是成长的，在自我成长的历程中会遇到心理问题、情绪问题，此时我们必须积极克服并解决这些问题。接下来，我要努力迈入一个新的人生阶段。

分析与讨论

容貌焦虑的心理表现有哪些？如何评价这个女生看待自身"缺点"的态度？

【任务作业】

请认真总结4个案例中共同表现的心理问题，并记录在一张纸上。思考为什么这些心理问题会困扰自我，后来却各自逐步得到解决。

【任务拓展】
给身边的人讲一个自信的心灵故事。

任务三　心理测试

【任务要求】
认真阅读测试要求,根据自己的第一感觉,实事求是地完成测试,并对测试计分解释了然于心,掌握自己的自信心现状,以平静心态看待测试及其结果,做到不卑不亢。

【任务实施】
完成罗森伯格自信心量表和缺陷感量表测试。

测试 1　罗森伯格自信心量表测试

罗森伯格自信心量表

指导语:以下是一组有关自我感觉的句子,请按你的实际情况作答。

1. 我认为自己是一个有价值的人,至少基本上是与别人相等的。(　　)
   A. 很不同意　　　B. 不同意　　　C. 同意　　　D. 很同意

2. 我觉得我有很多优点。(　　)
   A. 很不同意　　　B. 不同意　　　C. 同意　　　D. 很同意

3. 总体而言,我觉得我是一个失败者。(　　)
   A. 很不同意　　　B. 不同意　　　C. 同意　　　D. 很同意

4. 我做事的能力和大部分人一样好。(　　)
   A. 很不同意　　　B. 不同意　　　C. 同意　　　D. 很同意

5. 我觉得自己没有什么值得骄傲。(　　)
   A. 很不同意　　　B. 不同意　　　C. 同意　　　D. 很同意

6. 我对于自己抱着肯定的态度。(　　)
   A. 很不同意　　　B. 不同意　　　C. 同意　　　D. 很同意

7. 总体而言,我对自己感到满意。(　　)
   A. 很不同意　　　B. 不同意　　　C. 同意　　　D. 很同意

8. 我希望我能够更多地尊重自己。(　　)
   A. 很不同意　　　B. 不同意　　　C. 同意　　　D. 很同意

9. 有时候我确实觉得自己很无用。(　　)
   A. 很不同意　　　B. 不同意　　　C. 同意　　　D. 很同意

10. 有时候我认为自己一无是处。(　　)
    A. 很不同意　　　B. 不同意　　　C. 同意　　　D. 很同意

【任务作业】

学习罗森伯格自信心量表使用方法,并用测试结果解释自己的自信心状况。

【测试简介】

自信心量表由美国心理学家罗森伯格编制,是世界上最常用的测量个人自信心的量表。它共有10个测题,用以测量个人对自我感觉的好坏程度。

【计分方法】

"很同意"计1分;"同意"计2分,"不同意"计3分,"很不同意"计4分。最低得分为10分,最高得分为40分。在10个条目中,第3、5、8、9、10条目反向计分。

【得分解释】

10~15分:自卑者

你对自己缺乏信心。尤其是在陌生人和上级面前,你总是感到自己事事都不如别人。你时常感到自卑。你需要提高你的自信心。

16~25分:自我感觉平常者

你对自己感觉既不是太好,也不是太差。你在某些场合下对自我感到相当自信,但在其他场合却感到相当自卑。你需要稳定你的自信心。

26~35分:自信者

你对自己感觉十分良好。在大多数场合下,你都对自我充满了自信。你不会在陌生人或上级面前感到紧张,也不会因为没有经验就不敢尝试。你需要在不同场合下调试你的自信心。

36~40分:超级自信者

你对自己感觉太好了。在几乎所有场合下,你都对自我充满了自信。你甚至不知道什么叫自卑。你需要学会控制你的自信心,变得自谦一些。

测试2 缺陷感量表测试

缺陷感量表

指导语:本量表意在测试自尊、自信情况,请根据自己的第一感觉在"从来没有""偶尔有""不确定""大部分是""总是如此"中进行选择。现在开始测试:

1. 你是否经常觉得自己比不上所认识的大多数人?(　　)
   A. 从来没有　　B. 偶尔有　　C. 不确定　　D. 大部分是　　E. 总是如此

2. 你是否曾经认为自己是个毫无价值的人?(　　)
   A. 从来没有　　B. 偶尔有　　C. 不确定　　D. 大部分是　　E. 总是如此

3. 你对你所认识的人有朝一日将看得起你、尊敬你有多大信心?(　　)
   A. 从来没有　　B. 偶尔有　　C. 不确定　　D. 大部分是　　E. 总是如此

4. 你是否曾对自己灰心丧气,以至于开始怀疑自己是否是个有价值的人?(　　)
   A. 从来没有　　B. 偶尔有　　C. 不确定　　D. 大部分是　　E. 总是如此

5. 你是否经常感到讨厌自己?(　　)
   A. 从来没有　　B. 偶尔有　　C. 不确定　　D. 大部分是　　E. 总是如此

6. 一般来说,你对自己的能力有多大信心?(　　)
　　A. 从来没有　　B. 偶尔有　　C. 不确定　　D. 大部分是　　E. 总是如此
7. 你是否经常感到自己什么事也做不好?(　　)
　　A. 从来没有　　B. 偶尔有　　C. 不确定　　D. 大部分是　　E. 总是如此
8. 你与其他人相处得如何,是否担心?(　　)
　　A. 从来没有　　B. 偶尔有　　C. 不确定　　D. 大部分是　　E. 总是如此
9. 你是否经常担心你的所做所为招致老师或他人的批评?(　　)
　　A. 从来没有　　B. 偶尔有　　C. 不确定　　D. 大部分是　　E. 总是如此
10. 当你走进一个房间,那里已聚集了其他人,而且正在谈话,你曾感到害怕和焦虑吗?(　　)
　　A. 从来没有　　B. 偶尔有　　C. 不确定　　D. 大部分是　　E. 总是如此
11. 你是否经常感到局促不安?(　　)
　　A. 从来没有　　B. 偶尔有　　C. 不确定　　D. 大部分是　　E. 总是如此
12. 在你的工作或学习中,你对其他人把你看作成功者还是失败者的担心有多大?(　　)
　　A. 从来没有　　B. 偶尔有　　C. 经常有　　D. 总是如此
13. 在人群当中,找到得体的交谈话题对你来说有困难吗?(　　)
　　A. 从来没有　　B. 偶尔有　　C. 不确定　　D. 大部分是　　E. 总是如此
14. 当你犯了一个令人难堪的错误或做了某件使你看起来显得愚蠢的事情时,要淡忘它需要花多长时间?(　　)
　　A. 从来没有　　B. 偶尔有　　C. 不确定　　D. 大部分是　　E. 总是如此
15. 遇见陌生人时会让你常感到不自在吗?(　　)
　　A. 从来没有　　B. 偶尔有　　C. 不确定　　D. 大部分是　　E. 总是如此
16. 你是否经常担心别人会不会愿意同你在一起?(　　)
　　A. 从来没有　　B. 偶尔有　　C. 不确定　　D. 大部分是　　E. 总是如此
17. 你是否经常为羞怯所烦扰?(　　)
　　A. 从来没有　　B. 偶尔有　　C. 不确定　　D. 大部分是　　E. 总是如此
18. 当你认为遇到的一些人对你的看法不佳时,你对此有多少关注或担忧?(　　)
　　A. 从来没有　　B. 偶尔有　　C. 不确定　　D. 大部分是　　E. 总是如此
19. 你是否经常因为其他人对你的看法感到焦虑或不安?(　　)
　　A. 从来没有　　B. 偶尔有　　C. 不确定　　D. 大部分是　　E. 总是如此
20. 如果在课堂你必须阅读一篇文章并弄懂它的含义,你对此有多少担心或焦虑?(　　)
　　A. 从来没有　　B. 偶尔有　　C. 不确定　　D. 大部分是　　E. 总是如此
21. 当你必须写一份意见以说服可能与你有不同看法的老师时,你对此有多少担心或焦虑?(　　)
　　A. 从来没有　　B. 偶尔有　　C. 不确定　　D. 大部分是　　E. 总是如此
22. 当你完成以书面形式表达自己的观点这类作业时,常感到困难吗?(　　)
　　A. 从来没有　　B. 偶尔有　　C. 不确定　　D. 大部分是　　E. 总是如此

23. 在课堂阅读理解的练习中,碰到困难的情况有多频繁？（　　）
    A. 从来没有　　　B. 偶尔有　　　C. 不确定　　　D. 大部分是　　　E. 总是如此
24. 你是否经常想象自己的学习能力比同学差？（　　）
    A. 从来没有　　　B. 偶尔有　　　C. 不确定　　　D. 大部分是　　　E. 总是如此
25. 在交一份重要作业如学期论文时,你认为自己做得很出色的次数多吗？（　　）
    A. 从来没有　　　B. 偶尔有　　　C. 不确定　　　D. 大部分是　　　E. 总是如此
26. 与同学们相比,你感到自己必须学习更努力,才能取得和他们一样的成绩,这种情况多吗？（　　）
    A. 从来没有　　　B. 偶尔有　　　C. 不确定　　　D. 大部分是　　　E. 总是如此
27. 你曾为自己的体格或形象感到惭愧吗？（　　）
    A. 从来没有　　　B. 偶尔有　　　C. 不确定　　　D. 大部分是　　　E. 总是如此
28. 你时常感到你的大多数朋友或同伴比你更有魅力吗？（　　）
    A. 从来没有　　　B. 偶尔有　　　C. 不确定　　　D. 大部分是　　　E. 总是如此
29. 你时常希望或幻想自己变得更漂亮(帅气)吗？（　　）
    A. 从来没有　　　B. 偶尔有　　　C. 不确定　　　D. 大部分是　　　E. 总是如此
30. 你对自己吸引异性的能力是否曾感到过担心或焦虑？（　　）
    A. 从来没有　　　B. 偶尔有　　　C. 不确定　　　D. 大部分是　　　E. 总是如此
31. 你对其他人认为你的外表有吸引力的自信程度有多大？（　　）
    A. 从来没有　　　B. 偶尔有　　　C. 不确定　　　D. 大部分是　　　E. 总是如此
32. 你有没有想过自己身体上不协调？（　　）
    A. 从来没有　　　B. 偶尔有　　　C. 不确定　　　D. 大部分是　　　E. 总是如此
33. 你是否感到自己在体育运动能力上不如其他大多数人？（　　）
    A. 从来没有　　　B. 偶尔有　　　C. 不确定　　　D. 大部分是　　　E. 总是如此
34. 当参加那些需要身体协调性的体育活动时,你常担心自己做不好吗？（　　）
    A. 从来没有　　　B. 偶尔有　　　C. 不确定　　　D. 大部分是　　　E. 总是如此
35. 你有没有想过自己缺少跳舞的才能,或者对涉及身体协调性的运动不擅长？（　　）
    A. 从来没有　　　B. 偶尔有　　　C. 不确定　　　D. 大部分是　　　E. 总是如此
36. 当尽力想在某项体育活动中表现出色,而且知道其他人正在观看时,你会显得不安或惶恐吗？（　　）
    A. 从来没有　　　B. 偶尔有　　　C. 不确定　　　D. 大部分是　　　E. 总是如此

【任务作业】

学习使用缺陷感量表的方法,并用测试结果解释自己的自尊、自信情况。

【测试简介】

自卑感量表最早由贾尼斯和菲尔德在1959年编制,最初是用来定量分析一个人的缺陷感、自卑心理、自我敏感和社会焦虑的。本书中的缺陷感量表是在自卑感量表的多次修订基础上编制而成。缺陷感量表是用来衡量自尊的重要指标,共有36个条目,缺陷感越强,自尊越低,相应的自信心就不强。

【计分方法】

本量表分为5个维度,1～7题为自尊,8～19题为社交自信,20～26题为学习能力,27～31题为外貌,32～36题为体能。"从来没有""偶尔有""不确定""大部分是""总是如此"5个等级情况分别计分:1、2、3、4、5。1、2、4、5、7、8、9、10、11、12、13、14、15、16、17、18、19、20、21、22、23、24、26、27、28、29、30、32、33、34、35、36为正向计分条目。

【得分解释】

总分越高,缺陷感越强,越自卑。

【任务拓展】

间隔1个月以上,进行复测,邀请周围同学、朋友帮忙观察自己自信水平变化情况,学会正确归因,并提出几条可行措施。

任务四 心理训练

【任务要求】

知晓心理训练的目的,主动树立自信心训练目标,熟练心理训练的活动要领和步骤,训练过程中全身心投入,用心感受,深刻总结讨论,在训练中获得真正成长。

【任务实施】

完成训练1、训练2、训练3的任务内容。

训练1 昂首挺胸

找一个安静的地方,最好有镜子,此时有意识地面带微笑,抬起头,挺起胸,甩起手,抬起腿,大步迈向镜子前(无镜子时注意观察自己或请旁人观察自己)。如对训练效果不满意,可以多走几遍,直到满意为止。

训练2 表象成功

闭上双眼,用腹式呼吸法慢慢放松下来,清除心中杂念。接着开始在大脑"放电影",电影内容可以是你即将完成的事项,表象时注意将每个完美的细节尽量"放出来",最终影像就是自我努力达成的目标。下面我们以表象考驾照为例,通过表象完成上车、系安全带、启动,直到下车、播报考试合格等细节动作,重复表象3遍,表象尽量清晰,而影响考试失败的动作细节影像尽量不表象。

训练3 积极自我暗示

将以下句子在心里默念3遍:

(1)我是一个与众不同的人。

(2)我有许多优点,我能力也强,我能克服眼前困难。

(3)我有坚强的意志力和必胜的决心。

(4)我准备好了,来吧!

【任务作业】

自问或问他人:自信心理训练中,要增强自信心,最重要的是什么?

【任务拓展】

向自己或同学展示一个自信训练的方法。

模块八
情绪心理训练：掌控情绪气球

知识目标

1. 了解情绪的内涵、情绪的种类。

2. 了解大学生焦虑、抑郁等不良情绪和几种常见的情绪调节知识,如合理情绪 ABC 法、运动释放法、知交倾诉法、给自己写信法。

3. 学习案例中的情绪问题及解决方法、情绪自我觉察的测试方法、情绪调适心理训练活动步骤等知识要领。

能力目标

1. 学会觉察情绪。
2. 学会针对不同案例对比分析并进行反思。
3. 学会熟练运用 SDS 等心理测试量表,能用测试结果解释情绪现状。
4. 学会情绪调适训练要领,并向老师寻求帮助。
5. 能分享自身成功经验,协助他人解决一些情绪问题。

思政目标

学会内省,正视自身情绪问题,增进内心和谐和自我同一,将自我、他人与社会联结起来,减少情绪问题带来的违法犯罪等不和谐问题。增强社会和谐度、价值共鸣度,树立实事求是、负责任、健康的学习生活态度和信念,促进形成健康的道德感、理智感和美感。

模块学时

1~2 学时

模块导览

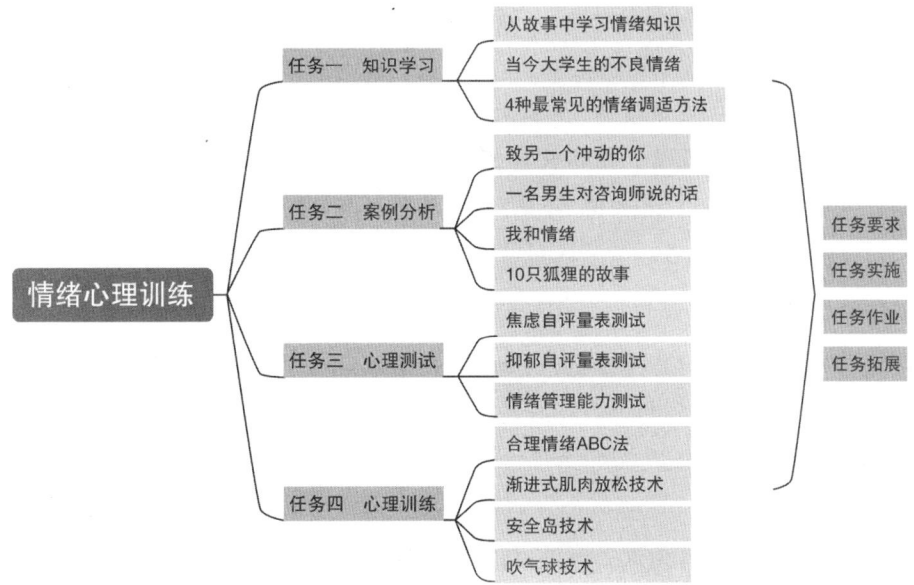

启智润心

怒不过夺,喜不过予。

——荀子

成功的秘诀就在于懂得怎样控制痛苦与快乐这股力量,而不为这股力量所反制。如果你能做到这点,就能掌握住自己的人生,反之,你的人生就无法掌握。

——安东尼·罗宾斯

世界如一面镜子:皱眉视之,它也皱眉看你;笑着对它,它也笑着看你。

——塞缪尔

任务一 知识学习

【任务要求】

自学探究与课堂教学相结合,认真学习知识点1~3所述情绪知识,运用情绪相关知识填补自身对情绪的认知空白。

【任务实施】

1. 从故事中学习情绪知识。
2. 了解并分析当今大学生的不良情绪。
3. 学习并掌握4种最常见的情绪调适方法。

知识点1 从故事中学习情绪知识

一男子在公司受到了老板的批评,回到家就把沙发上跳来跳去的孩子臭骂了一顿。孩子心里窝火,狠狠去踹身边打滚的猫。猫逃到街上,正好一辆卡车开过来,司机赶紧避让,却把路边的学生撞伤了。司机手脚直冒冷汗,明显受到了惊吓。事后,司机经常做噩梦,严重影响了睡眠,感觉后脑勺疼痛,虽然服药,但不见效果,情绪经常变得十分暴躁,像变了个人似的,前几天因一些小事和妻子离婚。受伤的学生则再也不敢一个人走路,外出必须有人陪,当一个人走路时必会惊慌失色,面色难看,迅速逃离,显然心理受到了不良刺激。

结合故事,我们可以学习到以下情绪知识。

1. 情绪的概念

情绪即人对客观事物的态度体验。一般认为,情绪是以个体愿望和需要为中介的一种心理活动。它是多种感觉、思想和行为综合产生的心理和生理状态,反映着个体与外部环境之间的平衡状态。

2. 情绪的种类

情绪可以分为基本情绪和复合情绪,基本情绪包括最通俗的情绪,有快乐、愤怒、悲哀、恐惧等,年龄越小,基本情绪成分占比越大,但到一定年龄,如大于70岁的老年人,基本情绪成分占比又会增大,情绪的儿童幼稚性、简单性明显,正所谓"返老还童"。复合情绪是从基本情绪发展而来的较为复杂的情绪,个体青春期前期就产生了。复合情绪经常与道德感、美感、理智感等联结在一起表现出来,如羞耻、嫉妒、自豪、内疚等。情绪也有积极情绪和消极情绪之分,积极情绪是一种良好的、正向的情绪反应,消极情绪是一种不良的、负向的情绪反应。积极情绪和消极情绪对人的影响是不同的。多项研究发现,积极情绪多的人,身心状态是好的,而心脏病、脑病、神经症、精神病等均与情绪状态不良有密切关系。

3. 情绪构成

不管是积极情绪还是消极情绪,均可从主观体验、生理反应、行动表现来描述和考察。

(1)主观体验是指个体的主观感受,如愉快、不安、平和、紧张、厌恶、嫉妒、愤怒等。其中,不良的主观体验有紧张、厌恶、嫉妒、愤怒,良好的主观体验有愉快、平和。主观体验的表达方式有"我感觉……""此刻的我……"等。

(2)外部表现是指个体的表情、姿态和行为,如眉头紧锁、眉开眼笑、嘴角下垂、肌肉紧绷、嘴唇颤抖、双眼睁大等表情变化,或双手叉腰、身体后倾、拳头紧握、鼓掌、骂人、打人、摔东西等行为动作。快乐时我们会眉开眼笑,嘴角上扬,为他人鼓掌;愤怒时我们会骂人甚至摔东西。

(3)生理反应是指机体上的变化,如血流加快、心跳加速、呼吸加快、手心出汗、胃疼、失眠、大小便冲动等。如兴奋时心跳加速,惊恐时瞳孔放大、呼吸加快、手心出汗。

4. 情绪的强弱

一般从情绪状态的强度和持续时间来看,情绪状态有心境、激情、应激3种。

(1)心境。心境是一种微弱、平静、持久而不易觉察的情绪状态,可以是一种背景和氛围。具体表现为一段时间以来你感觉总是心情低落,对外界事物不感兴趣;开学两个月以来,你总是忧心忡忡,感到悲观。可以看出心境具有弥散性和长期性,大多数情况下个体说不清楚这种心境为何而起,如得不到及时干预,会发展成抑郁、广泛性焦虑症等心理障碍。

(2)激情。激情是一种强烈的、爆发性的、时间短促的情绪状态。这种情绪状态通常是由对个人有重大意义的事件引起的,如重大事件之后的狂喜、惨遭失败后的绝望、亲人的突然离世引起的极度悲哀、突如其来的危险所带来的异常恐惧等。激情状态往往伴随着生理变化和明显的外部行为表现,如盛怒时全身肌肉紧张,双目怒视,怒发冲冠,咬牙切齿,紧握双拳等;狂喜时眉开眼笑,手舞足蹈;极度恐惧、悲痛和愤怒之后,可能导致精神衰竭、晕倒、发呆,甚至出现激情休克现象,有时表现为过度兴奋、言语紊乱、动作失调。例如:范进中举后的表现是手舞足蹈,意识错乱;在迈克尔·杰克逊的演唱会上,多名粉丝因兴奋过度而昏厥,被工作人员抬出场外送医救治等。这些都是激情的表现。

研究表明,激情对人的影响有正面和负面两种,激情状态下人往往出现"意识狭窄"现象,即认识活动的范围缩小,理智分析能力受到抑制,自我控制能力减弱,进而使人的行为失去控制,甚至做出一些鲁莽的行为或动作。大学生违法犯罪往往部分与激情有关,这就是激情的负面作用。激情可以激发人内在的潜能,成为行动的巨大动力,产生积极的效果。如有的大学生参加大学生运动会,赛场上超常发挥,打破纪录,这体现了激情的正面作用。

(3)应激。有人认为,应激是个体身心感受到威胁时的一种紧张状态,也有人认为应激是由危险的或出乎意料的外界情况的变化所引起的一种情绪状态。导致应激的可以是躯体的、心理的和社会文化的诸因素。不同的人,应激水平是不同的,即感知觉阈限是不同的,感受性强弱自然也不同。

1974年加拿大生理学家塞里的研究表明,应激状态的持续能击溃一个人的生物化学保护机制,使人的免疫力降低,容易患心身疾病。他把应激反应称为全身适应综合征,并将其分为3个阶段:①惊觉阶段,表现为肾上腺素分泌增加,心率加快,呼吸急促,贫血,以及血糖水平和胃酸度暂时性增加,严重可导致休克。②阻抗阶段,表现出惊觉阶段症状的消失,身体动员许多保护系统去抵抗导致危急的动因,此时全身代谢水平提高,肝脏大量释放血糖。如时间过长,可使体内糖的储存大量消耗,给内脏带来物理性损伤,出现胃溃疡等症状。③衰竭阶段,表现为体内的各种储存几乎耗竭,机体处于危机状态,可导致重病或死亡。因此我们要尽量减少和避免不必要的应激状态,并学会科学地对待应激状态。如突遇地震时需要紧急避险,遇歹徒抢劫时奋力斗争。一名孩子被压在车下,情况十分紧急,周围无人可呼救,父亲在万分紧急状态下急中生智,用双手撑起了车身,救出了孩子,但因用力过猛,事后两眼昏花,晕厥在地,这也是应激情形。

知识点2　　当今大学生的不良情绪

1. 焦虑

焦虑情绪是与处境不相称的痛苦情绪体验。焦虑和恐惧有着密切的关系。大学生产生焦虑时会有不安、害怕、担忧等主观体验,焦虑时生理反应为:自主神经功能紊乱,呼吸短促,口吃,出汗,瘙痒,脸红,头晕,血压升高或下降,食欲不振,恶心反胃,腹部疼痛,呕吐,肌肉紧张或酸软,身体僵硬等。以上症状并非焦虑所特有,所有症状都有可能会在一个人身上出现,但并非所有人都表现相同。研究表明,适度焦虑是有利于身心健康的。过度焦虑则不利于身心健康,过度焦虑出现时,需要及时调节,否则会演变为焦虑症。焦虑和焦虑症不是一回事,焦虑是常见的情绪症状,而焦虑症是精神障碍的诊断标准。大学生产生焦虑的原因是多种多样的,访谈和调查的结果表明,学业、人际关系、家庭、就业是焦虑产生的主要来源。

2. 抑郁

抑郁情绪是一种感到无力应对外界压力而产生的消极情绪,表现为心境低落,高兴不起来,不被理解、自责、厌恶。抑郁症与抑郁情绪是不一样的。正常人在生活中遇到不快乐的事,可以通过情绪调适来缓解抑郁情绪甚至让其消失。抑郁症除了有情绪的变化,还表现为思维不活跃、思维反雏、兴趣下降、没有愉快感、身体活力下降,同时伴有其他睡眠障碍等。大学生抑郁的产生和遗传有一定关系,但更多的来源于现实生活事件,如学业失败、人际困扰、失恋等。大学生常见的抑郁表现是不参加校园集体活动,对现实社交和学习缺乏兴趣,打不起精神,敏感多疑,经常自责,久睡不起等。长期抑郁会使大学生的身体、学习、生活受到严重损害，有的大学生会因此休学、退学，有少部分会表现出抑郁症症状，进而发展为抑郁症。抑郁症需要药物配合精神治疗，抑郁情绪出现时应及时寻求必要的心理咨询。

3. 嫉妒

嫉妒是与他人对比后发现不如人或与别人不相上下而引起的复杂情绪体验。嫉妒发生时掺杂着羡慕、憎恨、敌对、悲哀、报复等不愉快心理的复杂情绪状态。可以说每个人身上都发生过嫉妒的情况，这种复杂情绪状态在大学生中普遍存在。与他人比较的结果是：他人学识比自己渊博，能力比自己强；他人家庭背景和经济能力比自己强；他人谈恋爱，自己没有；他人的美貌受人青睐与追捧；他人社交能力强，朋友多；等等。在我们身边，大学生因嫉妒而导致的悲剧屡见不鲜。可见，嫉妒心害人害己，必须自觉自制。

4. 自卑

自卑是某些生理、心理或社会诱因引起的一种不良情绪状态，表现为对自己的生理、能力和品质偏低的评价。换种说法，自卑可以看成不自信或信心缺失或自我效能感低。它广泛存在于大学生群体中，严重影响着他们的心理健康。部分大学生因在学习、生活、人际关系和环境等方面遇到挫折而形成自卑心理，最终导致各种心理问题的产生。比如一个大学生，因皮肤黑，体型矮小，从小被同学冷落嘲讽，现在不愿意去人多的场合，也不愿意参加班级和学校举行的各种活动，怕别人笑话自己。这种类型的心理会对大学生学习、生活造成不良影响，让他们在挑战面前否定自我，在成功面前放弃机会。

5. 愤怒

愤怒是人基本的情绪状态，是人和动物皆存在的一种原始情绪。愤怒指当愿望不能实现或追求目标受到挫折时引起的一种紧张而不愉快的情绪。可以将愤怒分成两类，一类是直接愤怒，与自身直接相关，有直接的因果关系。如有的大学生没有顺利当选学生干部，求爱不成功，成绩不合格，遭到朋友背叛，认为食宿安排不合理，毕业季对学校进行非理智发泄等。另一类是间接愤怒，与自身不直接相关，没有因果关系或没有直接的因果关系。如有的大学生看不惯某种校园现象，发文怒批；有的大学生出于义气，替人"行事"而不顾手段和结果，心怀怒气，恶语相向，甚至大打出手。愤怒常常和冲动同时出现，冲动和愤怒是非理智的典型表现，非理智愤怒往往会产生消极后果。大学生必须对自己进行有效的情绪管理。敏锐地觉察愤怒，理智地评估愤怒、理解愤怒和建设性地表达愤怒是大学生调控情绪的基本环节。当觉察到愤怒情绪时，可以尝试舌头在口腔里绕圈，做下咽动作，还可以运用心理调适技术中的逗乐法、保险箱技术、遥控器技术、吹气球技术、运动释放法等进行调适管理。

6. 冷漠

冷漠是指对外界的刺激缺乏应有的情绪反应。冷漠会表现为责任感缺失，情感麻木，久而久之导致人格损害。古人云："哀莫大于心死。"一个人对什么都激不起热情和兴趣，心境状态低落，内心生活必定是暮气沉沉，死水一潭。《红楼梦》中对李纨的描写"万念俱灰""心如死灰"，就是她对周围的一切漠然视之，麻木不仁。压抑自己是一种病态的人格表现。当代大学生中有人时常表现出冷淡、消沉、萎靡、无所谓等冷漠情绪和消极态度，不愿意参加校园集体活动,对他人毫不关心,对自我发展满不在乎,奉行躺平式的我行我素态度。在一定程度上,冷漠也可作为情感淡漠的相近含义。情感淡漠又叫情绪淡漠,是指对事物不关心、无动于衷的态度。人在受挫后,一般会采取攻击或逃避的态度,不能逃避又无力攻击时,因愤怒的情绪无法发泄而暂时压抑,则会表现出这种态度,这是抗拒不成转而衰竭和消退的心理表现。如某些大学生考试屡次不及格,无论如何努力均无法及格,产生了习得性无助心理问题,表现出对身边一切事物漠不关心,无动于衷,学习动力缺乏,破罐破摔,转而迷恋网络游戏或手机,长时间地脱离现实生活,寻求虚拟世界的成就感和满足感。冷漠可以视为一种冷暴力,冷暴力比热暴力杀伤力更大,可以说,伤人不见血。校园冷暴力时时刻刻存在着,由于家庭背景不同,生活习惯差异,性格、气质及其认知方式各异,同班级、同宿舍大学生之间的冲突很常见,很大一部分表现为冷暴力,相互之间不沟通,小隔阂演变为猜疑、疏远。有的班级,到毕业那天,还有同学叫不出班上同学的名字。可见,大学生之间的冷暴力严重到何种程度。其实,冷漠这种消极的情绪状态是可以改变的。大学生知识水平较高,领悟能力较强,从认知上改变是比较可行的,比如可以用合理情绪 ABC 法,建立理性的理念;也可以直接从行为上改变,比如在专业人士的引导下,参与者通过开展团体心理辅导活动,融入团体之中,逐步构建积极的自我形象。

大学生应正确认识和对待以上情绪心理问题,消除病耻感和对心理咨询的偏见,主动寻求帮助,解决好自身的不良情绪问题。

知识点 3　　4 种最为常见的情绪调适方法

1. 合理情绪 ABC 法

1) 情绪 ABC 理论

情绪 ABC 理论是由美国心理学家阿尔伯特·艾利斯创建的,该理论认为激发事件 A(activating event)只是引发情绪和行为后果 C(consequence)的间接原因,而引起 C 的直接原因则是个体对激发事件 A 的认知和评价而产生的信念 B(belief),即人的消极情绪和行为障碍结果(C),不是由某一激发事件(A)直接引发的,而是由经受此事件的个体对它错误的认知和评价所产生的不合理信念(B)所直接引起的。错误信念也称为非理性信念或不合理信念。艾利斯认为:正是常有的一些非理性的信念才使人们产生情绪困扰。如果这些非理性信念长期存在,会引起情绪障碍。ABC 法示意图如下所示。

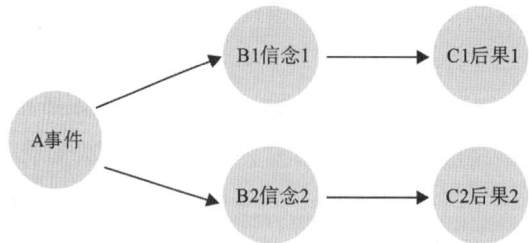

两个同学一起在校园闲逛,迎面碰到他们的老师,但对方没有与他们打招呼,径直走过去了。这两个同学中的一个对此是这样想的:"他可能正在想别的事情,没有注意到我们。即使是看到我们也没理睬,也可能有什么特殊的原因。"而另一个同学却可能有不同的想法:"是不是上次课堂上不交作业,他就对我视而不见了。"两个同学对老师不与他们打招呼这事持有不同看法,引起的情绪反应各不相同,前者为合理认知,没有产生不良情绪,后者为不合理认知,引起了不良情绪。

2）11条不合理信念

以下11条不合理信念会误导人们形成不合理的情绪,进而引起情绪障碍。

(1)我必须获得我看中的人的赞赏和喜爱。

(2)我是能力十足的,只有在人生道路的每一步都有成就才能体现自己的人生价值。

(3)世界上有许多无用的、可恶的人,对他们应该歧视、排斥,给予严厉的责罚。

(4)我的生活必须一帆风顺,没有坎坷和磨难。

(5)人生道路上充满艰难困苦,人的责任和压力太重,因此要绕开这些艰难困苦,逃避现实生活。

(6)人的不愉快由外在环境因素造成,因此人是无法克服困难和痛楚的。

(7)对危险和可怕的事情应高度警惕,时刻关注,随时准备应对它们。

(8)一个人以往的经历决定了现在的行为,而且是永远无法扭转和改变的。

(9)人们必须公正地对待我,必须满足我的要求。

(10)人应该十分投入地关心他人,为他人的问题而难过,这样才能让自己的感情得到寄托。

(11)人生中的每一个问题都要有一个精确的答案和完美的解决办法,一旦不能如此,就会十分痛苦。

3）不合理信念的特征

以上人们的不合理信念常常具有以下3个特征。

(1)绝对化要求。是指人们常常以自己的意愿为出发点,产生某事物必定发生或不发生的想法。它常常表现为将"希望""想要"等绝对化为"必须""应该"或"一定要"等,如"我必须成功""别人必须对我好"等。这种绝对化要求之所以不合理,是因为客观现实都有其自身发展规律,不可能以个人的意志和观念为转移。而对于某个人来说,他不可能在每一件事上都会取得成功,其周围的人或事物的变化也不会以他的意志为转移。因此,当某些事物的发展与其对事物的绝对化要求相悖时,他就会感到难以接受和适应,从而容易陷入情绪困扰之中。

(2)过分概括化。这是一种以偏概全的不合理思维方式的表现,常常把"有时""某些"过分概括化为"总是""所有"等。用艾利斯的话来说,这就好像凭一本书的封面来判定它的好坏一样。它具体体现在人们对自己或他人的不合理评价上,典型特征是以某一件事或某几件事来评价自身或他人的整体价值。例如,某大学生在大一遭受一些失败后,就会认为自己以后都会失败,一无是处。这种片面的自我否定往往导致自卑自弃、自罪自责等不良情绪。而这种评价一旦指向他人,他就会一味地指责别人,产生怨愤、敌意等消极情绪。我们应该认识到,"金无足赤,人无完人",每个人都有犯错误的可能性。

(3)糟糕至极。持这种观念的个体认为,如果一件不好的事情发生,那将是非常可怕和糟糟的。如"我没考上985，一切都完了""我没当上班长，不会有前途了。"这种想法是非理性的、不合理的，因为对任何一件事情来说，都会有比之更坏的情况发生，所以没有一件事情可被定义为糟糕至极。但如果一个人坚持这种糟糕至极观念时，那么当他遇到他所谓的百分之百糟糕的事时，就会陷入不良的情绪体验之中，一蹶不振。

因此，在日常生活和工作中，当遭遇各种失败和挫折时，要想避免情绪失调，就应多审思一下自己的想法，自我核检，看是否存在以上不合理想法。如有，就要有意识地用合理信念取而代之。

2. 运动释放法

运动释放法就是通过身体的适度运动，把紧张、压抑情绪所积聚的能量排遣出去，使紧张情绪得到松弛与缓和。比如，当我们受到挫折，感到郁闷、愁苦时，可以到操场上猛踢一场球，或者到田地里拼命干一阵子活，或在空地上冲刺几百米，或者去爬山，直到满头大汗、气喘吁吁。通过适度运动，心里会变得平静。需要注意的是，运动结束不要马上停下来，而要做一些缓冲运动，比如慢跑、快步走等，直到心率恢复正常。研究表明，体内多巴胺缺失会导致人产生情感淡漠、抑郁、心境恶劣、精神分裂等情绪症状。当我们机体运动起来的时候会释放多巴胺，它让我们感受到轻松和愉悦。因此，为保持良好情绪状态，建议大学生多运动，运动时注意时长、频率和烈度要适中。

3. 知交倾诉法

这种方法就是通过向他人倾诉心中积压的想法，达到一吐为快的宣泄目的。这时，社会支持系统起到支撑作用。大学生可以找亲人、知心朋友、信得过的人，把自己的苦衷和怨恨尽情倾诉出来，以求得他人的开导和安慰。常言道：一个快乐由两人分享，就变成了两个快乐；一个痛苦由两人分担，就变成了半个痛苦。当你倾诉苦恼时，除了从别人那里得到安慰外，可能还能得到解决问题的具体办法。所以，一旦有了不良情绪，切莫闷在心里，可以找人倾吐自己的心思。此外，还可以寻求心理咨询。

4. 给自己写信法

当产生不良情绪，无法排解时，我们给自己写信。和心中的那个"自己"进行对话。往往对话结束，不良情绪要么被宣泄，要么被消化，要么被正面情绪取代。

【任务作业】

1. 谈谈你现在对情绪的认知比之前有何变化？
2. 你是否也经常存在不良情绪呢？它给你造成了什么影响？
3. 盘点学习和生活中那些值得注意的事件，举一个例子，根据自己意愿与大家交流或向老师报告。

【任务拓展】

有人说："人的情绪伴随人的一生。'人生不如意事常八九'，人的一生很少有几次感到自己的生活是一帆风顺的。在现实生活中，每个人都会面对来自人际关系、学习、恋爱等方面的不顺心，这种'不顺心'会引起一系列不良情绪，但是回避、抱怨并不能消除这种烦人的感觉。"阅读下列材料后思考：你有没有觉得爱地巴的智慧不一般呢？你有没有从他身上学到一些情绪控制的智慧？

爱地巴跑圈

在古老的西藏,有一个叫爱地巴的人,每次生气和人起争执的时候,就以很快的速度跑回家去,绕着自己的房子和土地跑3圈,然后坐在田边喘气。爱地巴工作非常努力,他的房子越来越大,土地也越来越多,但不管房子多大、土地多广,只要与人争论生气,他还是会绕着房子和土地跑3圈。爱地巴为何每次生气都绕着房子和土地跑3圈?所有认识他的人,心里都起疑惑,但是不管怎么问他,爱地巴都不愿意说明。

直到有一天,爱地巴很老了,他的房子已经很大,土地已经很多。他生气时拄着拐杖艰难地绕着土地和房子走,等他好不容易走完3圈,太阳都下山了。爱地巴独自坐在田边喘气。他的孙子在身边恳求他:"阿公,你年纪已经大了,这附近也没有人的土地比你的更多,您不能再像从前一样,一生气就绕着土地跑啊!您可不可以告诉我这个秘密,为什么您一生气就要绕着土地跑3圈?"

爱地巴禁不起孙子恳求,终于说出隐藏在心中多年的秘密。他说:"年轻时,我若和人吵架、争论、生气,就绕着房子和土地跑3圈,边跑边想,我的房子这么小,土地这么少,我哪有时间、哪有资格去跟人家生气。一想到这里,气就消了,于是就把所有时间用来努力工作。"孙子又问:"阿公,你年纪大,又变成最富有的人,为什么还要绕着房子和土地跑?"爱地巴笑着说:"我现在还是会生气,生气时绕着房子和土地走3圈,边走边想,我的房子这么大,土地这么多,我又何必跟人计较?一想到这,气就消了。"

任务二 案例分析

【任务要求】

阅读案例,将案例中主人翁与自己对照,积极分析讨论,帮助自己与他人反思醒悟,共同商讨解决办法,一起成长。

【任务实施】

分析4个案例,从案例中学习情绪知识,并从不同角度展开讨论。

案例 1

致另一个冲动的你

20岁的你,应该想不到我会以这样的方式给你写信吧!没想到,现在你已经是一名大学二年级的学生了。还记得那个任性、脾气怪癖,总是因为一些小事情处理不好就开始生气一整天,觉得自己很无用,感觉什么都做不好的你吗?还记得那个很在意别人评价,旁人说了自己缺点就会心里难受一整天,而且闷闷不乐的你吗?还记得那个总以为自己没错,很难接受别人背后议论自己的你吗?

上了大学后,课程多,作业多,你总觉得压力很大。每天做作业到深夜,导致你总爱发小脾气,甚至破口大骂。你觉得自己每天事情多得很,感觉很烦,做事情时总是意志力不够坚定,做到一半就不想继续做下去。有时生气总是想要宣泄,把情绪爆发出来,但是迫于自己是一个男孩子,是学生,要学会懂事,生怕脾气爆发后会产生不良后果。

你是否还记得,就在上个月,因为一些小事情,手机网络不好,加载比较慢,接着你心中怒火开始上升,濒临爆发的边缘,拿起手机猛地向地上一摔!啪!你的手机从地上弹起来碎了一地,摔成了若干块。摔后下一秒,你后悔了!你心里颤抖,身子有些不受控制,感觉有点难过,不知道该如何是好。你捡起手机,看了几眼后,后悔极了。甚至,你想往自己脸上狠狠地扇上两巴掌,但你没有做,尽管心里很想!

你还是捡起了手机,把手机卡取出来,用袋子把手机装起来,心里安慰自己:"旧的不去新的不来。"但你知道自己有多后悔。你深深地吸了一口气,屏住呼吸,努力让自己静下来,告诉自己,这次摔手机是为了给自己一个教训,让自己知道,下次发脾气不加以控制,后果是怎样。我相信,这一秒你还陷在后悔和埋怨的情绪中。

之前总有些小情绪压在你心里。你总感觉心里面有什么东西在阻挠你、烦着你,总是处理不好一些小情绪和一些烦心事。只要不做事静下来的时候,你总是会自动地想起,然后开始烦恼,感觉脑袋里快要被这些情绪装满了。你是多么希望能够拥有魔力,将脑子里的这些坏情绪给吸出来,让自己开心地过好每一天,不再因为这些事情而去烦恼。以前每当自己被小情绪困扰时,你总是喜欢憋在心里,一个人默默地躺着、坐着,或拿出手机刷刷视频。但刷到一些影响情绪的视频时,你又开始烦恼。又或者,你会拿着篮球和朋友一起去打篮球,发泄自己的情绪,当累得出汗时,你觉得那一刻特别轻松,特别愉快。当然,你也会一个人去跑跑步,尽量让自己不再烦恼,过得轻松一些。

说了这么多,我还想对你说:"在我们的生活中,一定会有许多的坏心情,这些坏心情会影响我们的日常生活秩序,让我们感到事事不顺心,成天闷闷不乐,感觉干什么都不顺。但你要学会克制自己的坏情绪,学会管理好自己的坏情绪,别再让那些情绪左右你的生活,别让不顺心的事情左右你的心情。在烦恼的时候你多抬头看看天空,天空是那么幽蓝,那么深远,那么灿烂。太阳是那么奔放,阳光总是会在风雨后,要相信雨后一定会有彩虹。"

当然你还要学会利用一些心理减压小方法来调适自己的坏心情,要学会利用这种简单高效的方法去控制你心里的"魔鬼",给它上一个枷锁,从而去操控它,别让它成为你前进的障碍。当这些方法伴随你左右时,你能时时刻刻受益良多。

信就写到这里吧!我,是你心里的那个自己!祝你事事顺心,控制自己。

分析与讨论

案例中的主人翁遇到了什么困惑?主要情绪表现是什么?他用什么方式来调适?你有什么更好的方法和建议?

案例 2

一名男生对咨询师说的话

自智能手机普及以后,沉迷于此不能自拔,行为不能控制,意志力不坚定,手机只要在手上,就什么事情都做不了,以各种方法、理由拖延时间,明明想着要做的事情,总是想着过几分钟再做,玩着玩着不知不觉就几小时过去了。对此我感觉很无奈,拖延了某事之后才感到后悔。我希望能够控制自己,而不是被手机控制,但总是很无力,挣脱不了这种无形的束缚,只能被手机牵着鼻子走。后来通过凝神法,我能够放下手机,把心静下来,认真问自己:我不能就这么一直玩手机,接下来我要做什么?要怎么做?这件事情我要怎么做才能做好?

小时候看恐怖片《死神来了》留下了阴影,在生活中,有些时候脑子里总会莫名其妙地出现一种奇怪的想法。类似于电影里的情节:过马路的时候车子会突然失控撞到你;游乐园的过山车因为设备问题,突然飞出轨道,造成多人伤亡的惨剧;过桥的时候因为施工时偷工减料,桥体突然坍塌,桥上的人全部掉到海里,无人幸免。还会出现一些恐怖、恶心血淋淋的画面,有的人被桥上的车压扁,有的人掉到船上的桅杆被刺穿身体。以前出现这样的情况,我都非常害怕,很后悔当初要去看这个恐怖片。我强迫自己想别的事情,心里想着这不可能,这些都是电影情节,但还是忍不住去想。后来通过橡皮圈法,慢慢地就没有这类想法出现了。看林正英导演的僵尸片也给我留下了童年阴影,一到黑漆漆的晚上我就会想到妖魔鬼怪,它们在我旁边要吃了我,把我变成它们的同类,它们在我后面跟着我,等我转过去就咬我。我感觉很害怕,很无助,很焦虑,一直想着谁能来保护我。晚上我都不敢一个人去上厕所,只能钻进被子里,将整个身体缩进去,不敢动,连自己什么时候睡着都不知道。

心情不好或是遇到不顺心的事情,我只会通过打游戏发泄,然而本身心态不好,这样只会让自己的情绪越来越糟糕,控制不住自己。那时的我会砸键盘,砸手机,和队友吵架,对身边的人大吼大叫,特别是对越亲近的人,凶得越厉害。这种时候我的脑子里只想着自己,完全不顾他人。我希望能够改掉自己的臭脾气,但总是事后才反应过来,事后才知道要悔改。后来通过运动,我的心态平和了许多,坏情绪也得到了释放。

我想对自己说:"把你的臭脾气改了,不要再伤害最爱你的人,不要总是事后才知悔改,也不要嘴上悔改,行动上依旧那样。不要把最臭的脾气留给那个最爱你的人,学会心疼一下那个在你身后默默付出,支持你,无论你以前怎么伤害都不怪你的人。以后一定要好好照顾她,别再伤害她,也别让别人伤害她"。

分析与讨论

你作为旁观者,能从案例中看到哪几种负面情绪?查询资料后,用自己的话简要阐释什么是凝神法和橡皮圈法。

案例 3

我和情绪

我今年读大一,在成长过程中的心理困惑是:我在世界上存在的价值和意义到底是什么?我到底要怎样才能让所有人都满意?我到底要有多懂事才算懂事?在我成长的过程中,听到最多的都是"你为什么这么不听话、不懂事""为什么别人那么优秀,你那么蠢"。就算考试考得很好,接受到的也还是责备,我无论多么懂事,到最后都是我的错。可能也正是因此,我产生了敏感、多疑、自卑、不信任别人等一系列心理问题。好像长这么大无论遇到什么事情,第一反应都是我要懂事,我要不给身边的人带来麻烦。我总是反思自己:是不是我做错了啥?我会时刻把别人的感受放在第一位,当发现一点不对,都会在自己身上找原因,把所有的错归咎于自己,然后自我怀疑,随之一系列的心理反应便开始了。在我的记忆中,爸妈总是因为一些小事吵得不可开交,甚至大打出手,到最后他们把所有的怨气都归结在我的身上。在他们看来好像所有的一切都是因为我的不懂事,我甚至连叛逆期都不配拥有。久而久之,我便开始怀疑自己存在的意义到底是什么,总觉得一切的错都是我造成的,都是因为我的不懂事。所以,我便开始强迫自己去懂事,强迫自己去长大,强迫自己去承受一切。而且,他们常年在外忙碌,很少回家,我和妹妹便独自在家。他们告诉我们要独立,能自己解决的事情就不要麻烦他们。他们每天都忙,很辛苦、很累,都是为了我和妹妹,我们不可以惹事。所以从小到大,无论是生病、开家长会,还是遇到麻烦,我从不告诉他们,不会给他们打电话,无论多难我都自己解决。有时候实在难受我就会自己躲起来偷偷哭,养成了把什么事情都埋在心里,不告诉任何人,不信任任何人的习惯,甚至对最亲近的人也是如此。我留给他们的永远都是懂事、听话的一面。

同时,我自己最大的情绪问题便是焦躁、情绪失控。在面对一些事时我总是会不安,即便再小的事情,我的第一反应是问自己能不能做好?会不会把它搞砸?之后便会越想越焦躁,最后情绪失控。在面对这一系列的情绪问题时,我能想到的处理方法好像就是找个没有人的角落偷偷哭。但是随着自己慢慢长大,我知道这样的方法是不对的。我已经不是个孩子了,不能一直靠哭来解决问题,不能再逃避自我,我要成为不一样的自己。所以,我下定决心开始改变。我尝试了很多方法,发现运动和看书对我很有用。每当我产生不好的情绪时,便会戴上耳机,把耳机声音到最大,在操场上快速奔跑,直到跑到自己累了,情绪消散了,那一刻,仿佛全世界只有我自己,可以不用在意任何事和人。图书馆的安静氛围,书架上一本本的书,也能给我带来很大的心理慰藉。坐在图书馆靠窗的位置,吹着微风,看着自己喜欢的书,感觉一下就安静了下来。我总能在书中找到自己存在的价值以及意义,让自己明白:我也没有那么差劲,没有那么不堪;我没有必要那么懂事,没有必要去内耗自己;我也能够变得很好,可以不用为别人考虑,可以做我自己。

我知道在当今快速发展的社会,每个人其实或多或少都会有一定的情绪问题,但我们要敢于直面,而不是逃避。现在有很多应对这些情绪的合理方法和技巧。对于我来说,可以通过自我松弛的方法,让自己从紧张的情绪中解脱出来,走出自己的束缚区,去感受和体验不一样的人生。自我否定和自我怀疑的心理内耗通常是低自尊感所致,表现为缺乏自我价值感。当遇到困难时,一直以来的不自信就会使我害怕失败,而一旦失败,我就会陷入持续的自我否定中,并开始不断地自我怀疑,认为自己一无是处。针对这种情况,我要树立自信心,拒绝精神内耗,不要让别人的行为或语言给自己留下心理创伤,要时刻告诉自己其实我也没有那么差。

分析与讨论

案例中主人翁觉察到了自身存在的哪些情绪?这些情绪中,哪种情绪对其影响最明显?

"我便开始怀疑自己存在的意义到底是什么,总觉得一切的错都是我造成的",主人翁有这种念头的原因是什么?可能会造成什么样的结果?主人翁通过什么方法来调适自己的情绪?反观自己,当你出现负面情绪时,你是如何调适的?

案例 4

10 只狐狸的故事

在一位农夫的果园里,紫红色的葡萄挂满了枝头,令人垂涎欲滴。盛夏酷暑,一群口干舌燥的狐狸来到了葡萄架下。一串串晶莹剔透的葡萄挂满枝头,狐狸们馋得直流口水,可是葡萄架很高。

第一只狐狸,跳了几下摘不到,从附近找来一个梯子,爬上去满载而归。

第二只狐狸,也发现以它的个头这辈子是无法吃到葡萄了。因此,它心里想,这个葡萄肯定是酸的,吃到了也很难受,还不如不吃。于是,它心情愉快地离开了。

第三只狐狸,高喊着"下定决心,不怕万难,吃不到葡萄死不瞑目"的口号,一次又一次跳个没完,累死在葡萄架下。

第四只狐狸,仰望着葡萄架,心想既然我吃不到葡萄,别的狐狸肯定也吃不到,如果这样的话,我也没什么好遗憾的了,反正大家都一样。

第五只狐狸,站在高高的葡萄架下,心情非常不好。它在想为什么我吃不到呢?我的命运怎么这么悲惨呀,想吃个葡萄的愿望都满足不了,我的运气怎么这么差啊。越想它越郁闷,最后郁郁而终。

第六只狐狸,尝试着跳起来去摘葡萄,没有成功。它试图让自己不再去想葡萄,可是抵抗不了。它还试了一些其他的办法,也没有见效。它听说有别的狐狸吃到了葡萄,心情更加不好,最后一头撞死在葡萄架下。

第七只狐狸,吃不到葡萄便破口大骂:"哪个该死的,把葡萄架弄这么高?"被主人听到,一棒子将它打死。

第八只狐狸,抱着"我得不到的东西决不让别人得到"的阴暗心理,一把火把葡萄园烧了,遭到其他狐狸的共同围剿。

第九只狐狸,因为吃不到葡萄气极发疯,蓬头垢面,口中念念有词:"吃葡萄不吐葡萄皮……"

第十只狐狸,也跳了几次,还是摘不到。心想:这里有葡萄,搞不好旁边还有其他水果。于是,跑开去寻找,到不远处找到了西瓜园,大吃一顿。

同样一件事情,不同的狐狸有不同的看法,最后结果也完全不一样。

(资料来源:壹心理)

分析与讨论

你从 10 只狐狸身上看到了哪些情绪?哪几只狐狸的想法和做法可取?哪几只狐狸的想法和做法不可取?为什么?10 只狐狸的故事对你有何启示?

【任务作业】

通过案例学习,反思自己在情绪处理过程中需要改进的地方在哪里?列出清单,在组内和班级内分享,如有可能,在朋友圈等新媒体平台分享。

【任务拓展】

撰写一篇自中学以来的成长报告,成长报告要围绕自我成长过程中情绪方面的变化、存在哪些问题、自己是如何一路走过来的等内容展开论述。

任务三 心理测试

【任务要求】

认真阅读测试要求,根据自己的第一感觉,实事求是地完成测试,并对测试计分解释了然于心,以平静心态看待测试结果,掌握自己的情绪现状,该采取行动时毫不犹豫。

【任务实施】

1. 完成焦虑自评量表测试。
2. 完成抑郁自评量表测试。
3. 填写大学生情绪管理能力问卷。

测试1 焦虑自评量表测试

焦虑自评量表(SAS)

指导语:下面有20条文字(括号中为症状名称),请仔细阅读每一条,把意思弄明白。每一条文字后有4级评分,表示没有或偶尔、有时、经常、总是如此。然后根据您最近一星期的实际情况,在分数栏1~4分适当的分数下打"√"。

1. 我觉得比平时容易紧张和着急(焦虑)。　　　　　　　　　　　1□ 2□ 3□ 4□
2. 我无缘无故地感到害怕(害怕)。　　　　　　　　　　　　　　1□ 2□ 3□ 4□
3. 我容易心里烦乱或觉得惊恐(惊恐)。　　　　　　　　　　　　1□ 2□ 3□ 4□
4. 我觉得我可能将要发疯(发疯感)。　　　　　　　　　　　　　1□ 2□ 3□ 4□
*5. 我觉得一切都很好,也不会发生什么不幸(不幸预感)。　　　4□ 3□ 2□ 1□
6. 我手脚发抖打颤(手足颤抖)。　　　　　　　　　　　　　　　1□ 2□ 3□ 4□
7. 我因为头痛、颈痛和背痛而苦恼(躯体疼痛)。　　　　　　　　1□ 2□ 3□ 4□
8. 我感觉容易衰弱和疲乏(乏力)。　　　　　　　　　　　　　　1□ 2□ 3□ 4□
*9. 我觉得心平气和,并且容易安静坐着(静坐不能)。　　　　　4□ 3□ 2□ 1□
10. 我觉得心跳得快(心悸)。　　　　　　　　　　　　　　　　 1□ 2□ 3□ 4□
11. 我因为一阵阵头晕而苦恼(头昏)。　　　　　　　　　　　　1□ 2□ 3□ 4□
12. 我有过晕倒发作,或觉得要晕倒似的感觉(晕厥感)。　　　　1□ 2□ 3□ 4□
*13. 我呼气吸气都感到很容易(呼吸困难)。　　　　　　　　　4□ 3□ 2□ 1□

14. 我手脚麻木和刺痛(手足刺痛)。	1☐	2☐	3☐	4☐
15. 我因胃痛和消化不良而苦恼(胃痛或消化不良)。	1☐	2☐	3☐	4☐
16. 我常常要小便(尿意频数)。	1☐	2☐	3☐	4☐
*17. 我的手常常是干燥温暖的(多汗)。	4☐	3☐	2☐	1☐
18. 我脸红发热(面部潮红)。	1☐	2☐	3☐	4☐
*19. 我容易入睡并且一夜睡得很好(睡眠障碍)。	4☐	3☐	2☐	1☐
20. 我做噩梦(噩梦)。	1☐	2☐	3☐	4☐

【任务作业】

学习用测试结果解释自己的焦虑情况，将自己的焦虑得分情况与周围同学进行比较，发现自己需改进的地方。

【测试简介】

焦虑自评量表(self-rating anxiety scale, SAS)是由William W. K. Zung编制，用于测量焦虑状态轻重程度及变化情况的心理量表。

【计分方法】

SAS采用4级评分，主要评定症状出现的频度，其标准为："1"表示没有或偶尔有时间，"2"表示有时有，"3"表示经常有，"4"表示总是如此。20个条目中有15项是用负性词陈述的，按上述1~4分顺序评分，其余5项(第5、9、13、17、19)注"*"号者，是用正性词描述的，按4~1分顺序反向计分。20个条目得分相加即得初分(X)，经过公式换算，即用初分乘以1.25以后取整数部分，就得到标准分(Y)。

【得分解释】

焦虑总分低于50分者为正常，50~60分为轻度，61~70分为中度，70分以上为重度焦虑。阴性项目数表示被试者在多少个项目上没有反应，阳性项目数表示被试者在多少个项目上有反应。

测试2 抑郁自评量表测试

抑郁自评量表(SDS)

指导语：请你仔细阅读以下每一条说明，把意思弄明白，然后对照自己最近一周来的感受，从4个选项中选最符合实际情况的一项。

1. 我觉得闷闷不乐，情绪低沉(忧郁)。　　①很少☐　②有时☐　③经常☐　④持续☐
2. 我觉得一天之中早晨最好(晨重夜轻)。　①很少☐　②有时☐　③经常☐　④持续☐
3. 老是莫名地哭出来或觉得想哭(易哭)。　①很少☐　②有时☐　③经常☐　④持续☐
4. 我晚上睡眠不好(睡眠障碍)。　　　　　①很少☐　②有时☐　③经常☐　④持续☐
5. 我吃饭像平时一样多(食欲减退)。　　　①很少☐　②有时☐　③经常☐　④持续☐
6. 我与异性密切接触时和以往一样感到愉快(性兴趣减退)。

①很少☐　②有时☐　③经常☐　④持续☐

7. 我感觉自己的体重在下降(体重减轻)。　①很少☐　②有时☐　③经常☐　④持续☐

8. 我有便秘的烦恼(便秘)。　　　　　　　①很少□　②有时□　③经常□　④持续□
9. 我觉得心跳比平时快了(心悸)。　　　　①很少□　②有时□　③经常□　④持续□
10. 我无缘无故感到疲乏(易倦)。　　　　　①很少□　②有时□　③经常□　④持续□
11. 我的头脑跟平时一样清楚(思考困难)。　①很少□　②有时□　③经常□　④持续□
12. 我做事情像平时一样不感到有什么困难(能力减退)。
　　　　　　　　　　　　　　　　　　　①很少□　②有时□　③经常□　④持续□
13. 我坐卧不安,难以保持平静(不安)。　　①很少□　②有时□　③经常□　④持续□
14. 我对未来感到有希望(绝望)。　　　　　①很少□　②有时□　③经常□　④持续□
15. 我比平时容易生气激动(易激感)。　　　①很少□　②有时□　③经常□　④持续□
16. 我觉得做出决定是容易的事(决断困难)。
　　　　　　　　　　　　　　　　　　　①很少□　②有时□　③经常□　④持续□
17. 我觉得自己是有用的人,别人需要我(无用感)。
　　　　　　　　　　　　　　　　　　　①很少□　②有时□　③经常□　④持续□
18. 我的生活过得很有意义(生活空虚感)。　①很少□　②有时□　③经常□　④持续□
19. 我认为如果我死了别人会生活得更好(无价值感)。
　　　　　　　　　　　　　　　　　　　①很少□　②有时□　③经常□　④持续□
20. 对于平常感兴趣的事我仍旧感兴趣(兴趣丧失)。
　　　　　　　　　　　　　　　　　　　①很少□　②有时□　③经常□　④持续□

注:①"很少"表示出现类似情况的频率少于1天或没有出现;②"有时"表示至少2~3天会出现类似情况;③"经常"表示至少4~5天会出现类似情况;④"持续"表示几乎每天都会出现类似情况。

【任务作业】

学习计分、评分,并看懂测验结果。当发现自己检测出抑郁情绪时,邀请周围同学、朋友帮忙观察自己情绪有无异常变化,如有变化及时指出,方便下一步采取调适措施。

【测试简介】

抑郁自评量表(self-rating depression scale,SDS)由Zung于1965年编制完成,多用于抑郁症状及严重程度筛查,在国内外应用颇广。

【计分方法】

①、②、③、④依次计1~4分。

第2、5、6、11、12、14、16、17、18、20题反向计分,即①、②、③、④依次计4~1分。

SDS按症状出现频度评定,分4个等级:很少、有时、经常、持续。若为正向评分题,依次评为1分、2分、3分、4分。反向评分题则评为4分、3分、2分、1分。评定时间为过去一周内,把各题的得分相加为初分,初分乘以1.25,四舍五入取整数即得到标准分(T)。

【得分解释】

抑郁评定的临界值$T=53$,分值越高,抑郁倾向越明显。中国常模分界值为53分,53~62分为轻度抑郁,63~72分为中度抑郁,72分以上为重度抑郁。

【任务拓展】

查阅更多关于抑郁测量的工具,间隔一周以上,用其他测量工具进行复测,对比前后测量情况的变化,学会合理分析原因。

测试 3 情绪管理能力测试

大学生情绪管理能力问卷

指导语:请仔细阅读下面各题目,选择符合的选项,第一个选项代表"完全不符合",第二个选项代表"比较不符合",第三个选项代表"不确定",第四个选项代表"比较符合",第五个选项代表"完全符合"。你只能选择一个答案,多选无效。你的回答无对错之分,所以,你在回答这些题目时无须停留太长时间反复考虑,凭自己的感觉回答即可。

1. 当我遇到愉快的事情,能清楚地感受到自己被快乐包围着。(　　)
   A. 完全不符合　　B. 比较不符合　　C. 不确定　　D. 比较符合　　E. 完全符合
2. 在大多数情况下,我能保持乐观、开朗和愉快的心境。(　　)
   A. 完全不符合　　B. 比较不符合　　C. 不确定　　D. 比较符合　　E. 完全符合
3. 我能克服困难或失败带来的沮丧情绪。(　　)
   A. 完全不符合　　B. 比较不符合　　C. 不确定　　D. 比较符合　　E. 完全符合
4. 期末考试轻松过关,于是决定下次要努力争取得奖学金。(　　)
   A. 完全不符合　　B. 比较不符合　　C. 不确定　　D. 比较符合　　E. 完全符合
5. 比赛没有获得好名次,我会认真分析自己的不足,争取下次成功。(　　)
   A. 完全不符合　　B. 比较不符合　　C. 不确定　　D. 比较符合　　E. 完全符合
6. 当我失败的时候,常常会鼓励自己坚持,不要轻易放弃。(　　)
   A. 完全不符合　　B. 比较不符合　　C. 不确定　　D. 比较符合　　E. 完全符合
7. 我会尽量躲避使自己产生不良情绪的情境,以免自己触景生情。(　　)
   A. 完全不符合　　B. 比较不符合　　C. 不确定　　D. 比较符合　　E. 完全符合
8. 恋人向我提出分手,我会化悲痛为力量,把精力投入学习中。(　　)
   A. 完全不符合　　B. 比较不符合　　C. 不确定　　D. 比较符合　　E. 完全符合
9. 看到同学学习特别好,我会因嫉妒而幻想他(她)倒霉。(　　)
   A. 完全不符合　　B. 比较不符合　　C. 不确定　　D. 比较符合　　E. 完全符合
10. 在外面受了气,我会忍不住迁怒于身边的人。(　　)
    A. 完全不符合　　B. 比较不符合　　C. 不确定　　D. 比较符合　　E. 完全符合
11. 被他人惹怒后,我会禁不住拿公共设施出气。(　　)
    A. 完全不符合　　B. 比较不符合　　C. 不确定　　D. 比较符合　　E. 完全符合
12. 在饭菜里发现异物,我会生气地向厨师大呼小叫。(　　)
    A. 完全不符合　　B. 比较不符合　　C. 不确定　　D. 比较符合　　E. 完全符合
13. 当我愤怒的时候,会忍不住乱摔东西。(　　)
    A. 完全不符合　　B. 比较不符合　　C. 不确定　　D. 比较符合　　E. 完全符合
14. 我时常向引起困难的人和事发脾气。(　　)
    A. 完全不符合　　B. 比较不符合　　C. 不确定　　D. 比较符合　　E. 完全符合

15. 当我觉得郁闷难遣时,我喜欢抽闷烟。(　　)
    A. 完全不符合　　B. 比较不符合　　C. 不确定　　D. 比较符合　　E. 完全符合
16. 当我心情特别糟糕时,我通常会去喝酒。(　　)
    A. 完全不符合　　B. 比较不符合　　C. 不确定　　D. 比较符合　　E. 完全符合
17. 我常常不能克制自己的情绪,难以平息与他人的冲突。(　　)
    A. 完全不符合　　B. 比较不符合　　C. 不确定　　D. 比较符合　　E. 完全符合
18. 心情不好的时候,我会去逛街购物,买一堆不需要的东西。(　　)
    A. 完全不符合　　B. 比较不符合　　C. 不确定　　D. 比较符合　　E. 完全符合
19. 我常常以"六十分万岁,多一分浪费"来安慰自己没有取得好成绩。(　　)
    A. 完全不符合　　B. 比较不符合　　C. 不确定　　D. 比较符合　　E. 完全符合
20. 我看见考试成绩更差的同学都无所谓的时候,我就觉得没必要为考试成绩不佳而沮丧。(　　)
    A. 完全不符合　　B. 比较不符合　　C. 不确定　　D. 比较符合　　E. 完全符合
21. 每逢重大事情发生前,我会祈祷一切顺利以消除紧张和焦虑。(　　)
    A. 完全不符合　　B. 比较不符合　　C. 不确定　　D. 比较符合　　E. 完全符合
22. 我常常会找知心朋友倾诉内心的苦恼。(　　)
    A. 完全不符合　　B. 比较不符合　　C. 不确定　　D. 比较符合　　E. 完全符合
23. 遇到不愉快的事情,我会打电话跟父母说以得到他们的安慰。(　　)
    A. 完全不符合　　B. 比较不符合　　C. 不确定　　D. 比较符合　　E. 完全符合
24. 当我遇到特别高兴的事情,总想拉上好友去庆贺一番。(　　)
    A. 完全不符合　　B. 比较不符合　　C. 不确定　　D. 比较符合　　E. 完全符合
25. 当我遇到特别开心的事情,总会快乐地跳起来。(　　)
    A. 完全不符合　　B. 比较不符合　　C. 不确定　　D. 比较符合　　E. 完全符合
26. 当失败或受挫后,我会长时间保持颓废心情。(　　)
    A. 完全不符合　　B. 比较不符合　　C. 不确定　　D. 比较符合　　E. 完全符合
27. 我容易心烦意乱或觉得焦虑。(　　)
    A. 完全不符合　　B. 比较不符合　　C. 不确定　　D. 比较符合　　E. 完全符合
28. 我常常为一些小事心神不定,生气难过。(　　)
    A. 完全不符合　　B. 比较不符合　　C. 不确定　　D. 比较符合　　E. 完全符合
29. 我对任何事情总喜欢朝坏的方面去想象,常常弄得自己情绪低落。(　　)
    A. 完全不符合　　B. 比较不符合　　C. 不确定　　D. 比较符合　　E. 完全符合
30. 好友伤害了我,我会压抑自己的情绪而委曲求全。(　　)
    A. 完全不符合　　B. 比较不符合　　C. 不确定　　D. 比较符合　　E. 完全符合
31. 我常常纠缠于一些不好的心理暗示中,使自己的情绪越发糟糕。(　　)
    A. 完全不符合　　B. 比较不符合　　C. 不确定　　D. 比较符合　　E. 完全符合
32. 当我情绪低落的时候,会把自己的郁闷之情写出来。(　　)
    A. 完全不符合　　B. 比较不符合　　C. 不确定　　D. 比较符合　　E. 完全符合

33. 我常常以成功者作为自己的学习榜样,以此来帮助自己克服所遇到的困难和挫折。( )
    A. 完全不符合　　B. 比较不符合　　C. 不确定　　D. 比较符合　　E. 完全符合
34. 当人际交往出现苦恼时,我会查阅相关书籍以求改善。( )
    A. 完全不符合　　B. 比较不符合　　C. 不确定　　D. 比较符合　　E. 完全符合
35. 与父母发生矛盾冲突后,我会等父母气消了,再和他们交谈。( )
    A. 完全不符合　　B. 比较不符合　　C. 不确定　　D. 比较符合　　E. 完全符合
36. 当我发现自己情绪郁闷时,会主动找生性乐观的朋友玩。( )
    A. 完全不符合　　B. 比较不符合　　C. 不确定　　D. 比较符合　　E. 完全符合
37. 一有担心所虑的事发生,便萦绕在心而不能释怀。( )
    A. 完全不符合　　B. 比较不符合　　C. 不确定　　D. 比较符合　　E. 完全符合
38. 当遭遇挫败的时候,我会看心理励志方面的书籍来鼓励自己。( )
    A. 完全不符合　　B. 比较不符合　　C. 不确定　　D. 比较符合　　E. 完全符合

【任务作业】

学会使用量表,发现自身情绪管理能力比较强或弱的方面,向别人征求提高情绪管理能力的意见,借鉴他们好的做法,并记下来,用行动去验证是否适合自己。

【测试简介】

本量表由王飞飞编制,用于测量在校大学生对自身情绪的管理调控能力,共38道题。

【维度分析】

情绪管理能力量表包括理智调控情绪能力、控制消极发泄能力、寻求外界支持能力、控制消极暗示能力以及积极补救能力5个维度。

理智调控情绪能力:当个人出现不合适、不恰当的情绪反应时,理智地分析和评价所处的情境,分析形势并冷静应对的能力。

控制消极发泄能力:当消极情绪引发个体强烈的本能性宣泄念头时,能够控制冲动,冷静头脑,告诫自己要以建设性的方式解决问题的能力。

寻求外界支持能力:当遇到不合适或不恰当的情绪时,主动向亲朋好友等社会支持系统成员寻求帮助的能力。

控制消极暗示能力:控制自己的知、情、意、行不受他人不良言行影响的能力。

积极补救能力:积极采取补救措施,改善自身情绪状态的能力。

【得分解释】

采用5级评分:"完全不符合"计1分,"比较不符合"计2分,"不确定"计3分,"比较符合"计4分,"完全符合"计5分。问卷得分越高代表越善于管理情绪。情绪管理能力问卷条目均分为3分,如各维度条目均分高于3分,说明在该条目上能力较强。

【任务拓展】

自行查找一个关于情绪控制的心灵故事,与大家分享这个故事对自己的启示。

任务四　心理训练

【任务要求】

知晓心理训练的目的,主动树立训练目标,熟练心理训练的活动要领和步骤,训练过程中全身心参与,认真体验,深刻总结讨论,在训练中获得真正成长。

【任务实施】

完成训练1、训练2、训练3、训练4的任务内容。

训练1　合理情绪ABC法

训练步骤

(1)回忆一个让自己不愉快的情绪事件,比如吃饭时我的同学没有选择坐在我身边,而是绕开我坐在了其他地方(情境设置)。

(2)觉察当时的情绪是悲伤的、窝火的(情绪反应)。

(3)找到当时对此事的不合理的信念和认知。比如,作为同学,他应该坐在我旁边一起吃饭,才能表明我俩是同学关系,否则我俩的关系是经不起考验的(不合理信念查找)。

(4)与不合理信念和认知进行辩论,以反驳不合理的信念和认知。比如,他一定要坐在我旁边一起吃饭才能表明我俩的关系经得起考验吗?如果他不是这么想的呢?要是他当时心情不好,想静一静呢?没有和我坐在一起吃饭的人,我们的关系就一定是疏远的吗(反驳不合理信念)?

(5)不合理态度的转变。别人是否和我坐在一起吃饭是他的选择,我没有权利要求他应该坐在我旁边,爱坐哪儿就坐哪儿。再说,也不能凭他不坐在我身边吃饭就下定论他故意疏远我,疏远一个人的方法有上千种,我何必去纠结这个千分之一的可能性呢。再退一步想,同学就是同学,允许有心理距离(通过疏通产生积极的情绪)。

训练2　渐进式肌肉放松技术

指导语:

现在,请你选择最舒适的姿势坐好,你可以稍微地调整一下,让自己很舒服。当然在整个过程中,你可以随时调整自己到舒适的姿势。

现在,请闭上你的眼睛。然后,开始做深呼吸,深深地吸气。缓缓地吐气,再吸气,再吐气。用心去感觉,每一次吐气,你都能感觉你把体内的废气和杂质完全排出体外。每一次的吸气,你都能感觉到自己吸进清新的氧气,清新的氧气流进鼻腔,经过肺部,充满整个胸腔,蔓延到你身体的各个部位。

现在让你的心情完全平静下来,让思绪完全放空。你什么都不要去想,什么都不要做,只需要专注地听我的声音,跟着我的引导,慢慢地放松下来。现在,保持你自然轻松的呼吸,开始放松你的头皮,放松你的额头,放松你的眉毛、你的眼皮、你的脸颊和你的鼻子,放松你的嘴巴包括嘴巴周围的每一块肌肉,确定你的牙齿没有紧闭在一起,继续放松你的下颚。

伴随着你的呼吸,把这种放松的感觉慢慢地向下蔓延到你的脖子、你的颈椎、你的肩膀。你的肩膀非常放松,你能感觉到双肩完全松弛下来,好轻松,好轻松。继续向下放松你的手臂,放松你的上臂到手肘、到前臂、到手腕……到手掌直至10个手指头都完全地放松。你的整个手臂都完全放松了,你甚至会感觉自己的手臂变得非常松软无力,感觉很沉重。

伴随着你自然的呼吸,继续去感觉。你胸部的肌肉已经完全放松了。这种放松的感觉一直向下到你的胃部,你的胃部非常健康,非常的舒服。

现在继续放松你的背部肌肉,释放掉背部所承受的所有压力,让背部的每一块肌肉都完全地放松下来,往下放松你的臀部,让这种放松的感觉向下延伸到你的大腿,到你的膝盖、你的小腿、你的脚踝,一直延伸到你的10个脚趾。

现在,你的整个身体都完全放松了,你会感觉到非常的舒服。

在进行渐进式放松引导时要注意以下几点。

以下是建议的顺序:头顶→眼睛→脸部→脖颈(上背)→双肩→双上臂→双前臂→双手→背部→胸部→躯干→后腰→臀部→大腿→膝部→小腿(腓)→脚踝→双足(先紧后松)。

如果愿意,你也可以倒过来,从脚开始。两种方式均可。很多人喜欢从头开始,因为眼部的放松使他们进入深度的放松状态。同时,也有人觉得身体的其余部位放松之后再放松眼部更容易。

为了加强效果,你也可以添加其他的一般性过渡语,如"你越放松,你越容易放松,你也就感觉越好""放松、放开的感觉真好""这是属于我的放松时间"。这个过程应进行10~15分钟,同时不断给予自己正面、积极的暗示。

训练3 安全岛技术

训练前应知:这个安全岛是你自己的安全岛,是指你可以自己寻找一个使自己感到绝对舒适和惬意的地方,它可以是在地球上的某个地方,也可以是在一个陌生的星球上,或者任何其他可能的地方。如果可能的话,它应该存在于想象的、并非现实世界里真实存在的某个地方。关键是,这个地方只有你一个人可以进入。当然,如果你因此而产生强烈的孤独感的话,也可以找一些有用的、友好的物件带着。

这个地方应该是受到良好的保护并且有一个边界的地方。它可以阻止未受邀请的外来物闯入。真实的人即使是好朋友,也不要被邀请到这里来,因为与他人的关系也包含有可能造成压力的成分。

在内在的安全岛上不应该有任何压力存在,只有好的、保护性的、充满爱意的东西存在。

指导语:现在,请你在内心世界里找一找,有没有一个安全的地方,在这里,你能够感受到绝对的安全和舒适。它应该在你的想象世界里——也许它就在你的附近,也可能它离你很远,或者它在这个世界或者这个宇宙的什么地方。

这个地方只有你一个人能够造访，你也可以随时离开，可以带上友善的、可爱的、为你提供帮助的东西。

你可以给这个地方设置一个你所选择的界限，让你能够单独决定哪些有用的东西允许被带进来，真实的人不能被带到这里来。

别着急，慢慢考虑，找一找这么一个神奇、安全、惬意的地方。

或许你看见某个画面，或许你感觉到了什么，或许你首先只是在想着这么一个地方。让它出现，无论出现的是什么，就是它啦。

如果在你寻找安全岛的过程中，出现了不舒服的画面或者感受，别太在意这些，而是告诉自己，现在你只是想发现好的、内在的画面——处理不舒服的感受可以等到下次再说。现在，你只是想找一个只有美好的、使你感到舒服的、有利于你康复的地方。你可以肯定，肯定有一个这样的地方，你只需要花一点时间、有一点耐心。有时候，要找一个这样的安全岛还有一些困难，因为还缺少一些有用的东西。但你要知道，为找到和装备你的内心的安全岛，你可以动用一切你想得到的器具，比如交通工具、日用工具、各种材料，当然还有魔力和一切有用的东西。

当你来到这个地方，请你环顾左右，看看是否真的感到非常舒服、非常安全，可以让自己完全放松。请你用自己的心智检查一下。有一点很重要，那就是你应该感到完全放松、绝对安全、非常惬意。请把你的安全岛规划成这个样子（我们在对方描述其内心活动过程中应伴随其左右，通过多次提问而使画面更加清晰起来）。

你的眼睛所看见的东西让你感到舒服吗？如果是，那就这样；如果不是，就变化一下，直到你真的觉得很舒服为止。

你能听见什么？舒服吗？如果是，那就这样；如果不是，就变化一下，直到你真的觉得很舒服为止。

气温是不是很适宜？如果是，那就这样；如果不是，就调整一下气温，直到你真的觉得很舒服为止。

你能不能闻到什么气味？舒服吗？如果是，就保留原样；如果不是，就变化一下，直到你真的觉得很舒服为止。

如果你在这个属于你的地方还是不能感到非常安全和十分惬意的话，这个地方还应该做哪些调整？请仔细观察，在这里还需要些什么，能使你感到更加安全和舒适。

把你的小岛装备好了以后，请你仔细体会，你的身体在这样一个安全的地方，都有哪些感受？

你看见了什么？你听见了什么？你闻到了什么？你的皮肤感觉到了什么？你的肌肉有什么感觉？呼吸怎么样？腹部感觉怎么样？

请你尽量地仔细体会现在的感受，这样你就知道，到这个地方的感受是什么样的。

如果你在你的小岛上感觉到绝对的安全，就请你用自己的躯体设计一个特殊的姿势或动作。用这个姿势或者动作，你可以随时回到这个安全岛来。以后，只要你一摆出这个姿势或者一做这个动作，它就能帮你在你的想象中迅速地回到你的这个地方来，并且感觉到舒适。你可以握拳，或者把手摊开。这个动作可以设计成别人一看就明白的样子，也可以设计成只有你自己才明白的样子。

请你带着这个姿势或者动作,全身心地体会一下,在这个安全岛的感受有多好。

撤掉你的这个动作,回到这个房间里来。

训练4 吹气球技术

训练步骤:

(1)回忆一个引起你压力感的场景和事件,注意自己的感受(生气、害怕等)。

(2)吹气球。按下面指导语进行操作。

现在生动地想象你在吹气球。你手里捧着一个气球,把它吹起来。随着每次呼气,把上述情绪从身体里吹到气球里。

当气球渐渐胀大时,你注意到气球的表面有一幅图像,气球的球面使这幅图像有些变形,但你明白它与你的压力来源有关。

随着每次呼吸,你越来越多地释放出那些情绪。同时,气球也变得越来越大,上面的图像变形得愈加严重。

继续把身体的情绪吹出来,直到它们全部进入气球。这时你注意到气球胀得非常大,表面的那幅图像已经变形得面目全非了。

现在想象自己放开手中的气球,看着它脱手飞射出去,一路翻滚直入云霄,然后落在某个遥远的地方。

现在,做一次深呼吸,检查你对那件事情的感觉,是不是淡化了?

【任务作业】

记录一周以来自己的情绪变化情况,一天一记,并附上表情图,以10分制为自己情绪表现的满意度打分。

【任务拓展】

自选主题,每组准备一个5分钟情绪管理微心理剧,表演时认真体会情绪变化和应对措施的合理性,遵守规则,保持清醒和理智,注意避免互动时可能出现的冲突。

模块九
危机心理调适训练：危机与绽放

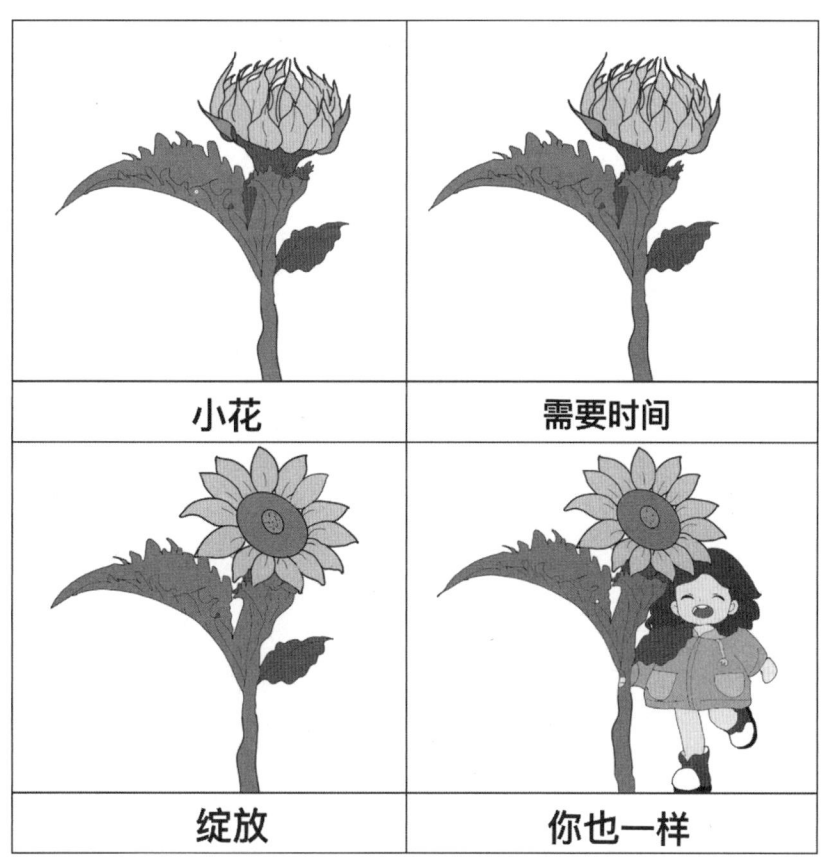

知识目标

1. 了解心理危机和自杀的基本含义及其拓展知识。
2. 掌握几种心理危机测试方法,如舒缓情绪、平静内心的心理调适方法。
3. 牢记心理训练相关知识。

能力目标

1. 能发现自己和他人心理危机程度现状。
2. 能初步分析案例。
3. 初步具备反观能力和助人能力。

思政目标

接纳自我,助人自助,树立对生命的责任感,心存敬畏和爱。

模块学时

1~2学时

模块导览

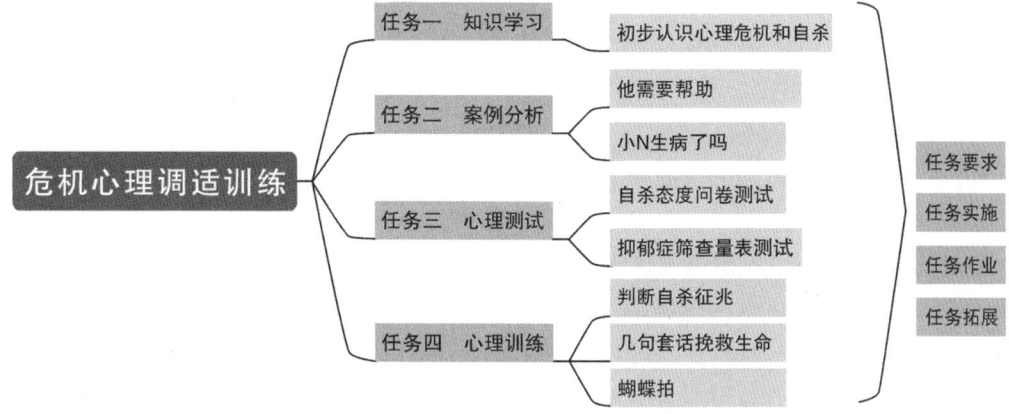

启智润心

　　尊重生命，尊重他人也尊重自己的生命，是生命进程中的伴随物，也是心理健康的一个条件。

——弗洛姆

　　不要以感伤的眼光去看过去，因为过去再也不会回来了，最聪明的办法，就是好好对付你的现在，现在正握在你的手里，你要以堂堂正正大丈夫气概去迎接如梦如幻的未来。

——郎费罗

　　假如生活欺骗了你，不要忧郁，也不要愤慨！不顺心时暂且克制自己，相信吧，快乐之日就会到来。

——普希金

任务一　知识学习

【任务要求】

初步认识心理危机和自杀相关知识点，掌握基本的辨别方法，千方百计为自己、设身处地为他人寻求支持资源和心理能量。

【任务实施】

了解心理危机和自杀心理的相关概念及影响因素，学会归纳知识点。

知识点1　初步认识心理危机和自杀

　　心理危机是一种认识，当事人认为某一事件或境遇是个人资源和应付机制所无法解决的困难，除非困难能及时缓解，否则会导致当事人认知、情感、行为方面的功能失调，采用不恰当的方式应对或解决问题，如自杀、自伤、伤害他人、精神崩溃等。当我们自己感觉非常糟糕时，并非一定爆发了心理危机，但心理危机的发生一定会给我们带来非常糟糕的感受。一般来讲，主要看是否存在不良情绪（如反刍情绪），是否存在睡眠障碍（如难以入睡），是否存在进食障碍（如暴饮暴食），是否过度焦虑（如植物神经紊乱、思维混乱），是否产生应激障碍（如惊恐），是否兴趣低落（如对外部刺激毫无反应），是否心境低落（如消极悲观），是否存在损坏心爱之物（如故意将手机摔坏），是否流露轻生想法（如有轻生念头），是否留遗书（如将遗愿公布于众或藏于日记），是否购买攻击性器具（如绳索、毒药之类），是否行为反常（如和别人开死亡玩笑，或异常冷静或异常兴奋），是否有说不清的烦恼而他人无法理解（如感觉自我能力低下而自责等）。以上叙述并没有完全涵盖心理危机的表现，还应包括其他类型的心理甚至精神障碍。

　　心理危机的发生会由一些重要事件或改变引起，比如创伤后应激障碍、双向情感障碍、中度以上抑郁症、巨大的学习和就业压力、情感挫折、破产、突发性家庭变故、重大公共事件、自然灾难等。大学生常见的心理危机主要表现为：因重大挫折、严重压力、亲密关系丧失、严重环境适应不良等导致的心理或者行为异常，表现出自杀倾向、自伤倾向、攻击他人倾向或精神病性症状；正在服用精神类药物控制病情，以及曾患心理疾病休学、病情好转又复学，情况不稳定等。

自杀是有意伤害自己生命的现象。美国国立精神卫生研究所将自杀分为3类。自杀意愿：个体有结束生命的愿望，但未采取实质行动；自杀未遂：有意采取自我毁灭的行动，但未导致死亡；自杀死亡：采取有意的自我毁灭行动，并致死亡。

我们几乎每天都面临死亡，一是面对自己的自杀死亡，二是面对别人的自杀死亡。当觉察自己有自杀意念或自杀冲动时，最重要的是应承认和面对此种思维，因还未上升到行为实施阶段，也不必恐惧。当自杀意念或冲动出现时，应积极寻找自身是否存在对抗自杀的内部资源和心理能量，如自我效能感、正念、坚强的意志力、善于求助他人、过去愉悦的体验、对现状的留恋和对未来的希望等。而当面对别人的自杀行为时，自己应重视起来，提供力所能及的帮助，如帮助其缓解紧张的家庭关系、社群关系，帮助其纠正错误的认识、扭转错误的态度，给予更多的倾听、关心、理解、同情、支持，不要生硬地劝导，而应在力所能及范围内设身处地地帮他（她）。

需要注意的是，心理危机多种多样，可以引起多重结果，自杀的原因也多种多样。因此，心理危机不一定会导致自杀，自杀也并非一定由心理危机引起，心理危机和自杀之间不存在必然的直接的联系。

【任务作业】

查阅文献资料，归纳学者的观点，简要阐述心理危机与自杀的关系。

【任务拓展】

撰写一篇认识生命、感悟生命的心得体会。

任务二　案例分析

【任务要求】

认真阅读案例，学会通过案例简单辨别心理问题（危机）的性质。

【任务实施】

分析2个案例，积极展开反思和对照。

案例1

他需要帮助

深夜11时多，信息声急促地响起，一看是一位男生，相互问候完，男生就迫不及待地说："你知道，我现在在哪里？"我猝不及防，问他："你在哪里？"他说，他在天台上，现在正在考虑是否要跳下去！我心里顿时发麻，但立刻意识到情况的紧急，自我冷静后，我用缓和的语气先和他交谈，询问他所在地点、事情原因等，同时询问他和他关系比较亲密的人。出乎我的意料，他给我的答案不是父母，不是兄弟姐妹，也不是某个亲戚，而是同班级的某某同学。我大概推测出自杀冲动的背景和家庭有关。他说："我今年4月曾经割腕自杀过。"说着还发来遍布血迹的纸巾照片。我很震惊，一个青年小伙，为什么会如此？"你们闹离婚和我有什么关系？我哪里做错了吗"？"在学校里，在同学面前，总是强颜欢笑地伪装，我好累！我真的好累！我快坚持不住了！"

可以看出，该大学生心理确实出现问题了，引发心理危机。他对咨询师说，觉得活下去的意义没有了，他需要帮助。

分析与讨论

你觉得案例中的男生对待生命的态度出现了什么问题？你怎么理解心理危机干预？如果他是你的同学，你会怎样帮助他？

案例 2

小 N 生病了吗

大学男生小 N，20 岁，个头高挑，长得白白净净，戴一副眼镜，脖子上经常挂蓝牙耳机，还佩戴一条项链。据其母亲介绍，小 N 已经断断续续请假在家有一年多了，在家时经常把自己反锁在房间，无论家人怎么叫都不作声，只有吃饭时下楼，吃完饭就回房间。父母很有意见，经常与他争吵。据母亲介绍，小 N 认为自己很聪明，有时他告诉身边的人说自己能制造飞机，班里同学都不及他。回学校上课时，他认为同学们瞧不起自己，大家故意疏远自己，在这个班待不下去了，学习也没有心思。小 N 介绍，他经常出去喝酒麻醉自己，还把自己喝得酩酊大醉，不是这里摔伤就是那里划伤，有一次喝多了，从台阶上摔下来，磕到了头，出了很多血，到医院缝了 8 针。不久前，他把自己关在房间，用水果刀和钉子刺向自己的大腿，一声都不喊出来！后来他说，他摔倒是故意的，用刀和钉子刺大腿也是故意的，因为这样自己才能好受一些。前不久父母带小 N 到专科医院精神科问诊，医院的结论是中度双向情感障碍，需服药，测试健康问卷 PHQ9，得分高，抑郁自杀倾向高。

分析与讨论

小 N 生病了吗？根据案例所述心理和行为特征，小 N 还有救吗？

【任务作业】

查阅资料并回答：人的心理问题有轻重之分，如何按严重程度来划分？

【任务拓展】

谈谈自己对心理危机的认识，并进一步谈谈为什么自杀事件不宜宣传报道。

任务三　心理测试

【任务要求】

认真阅读测试要求,根据自己的第一感觉,实事求是地完成测试,并对测试计分解释了然于心,发现异常,及时向身边的人反映或求助。

【任务实施】

1. 完成自杀态度问卷测试。
2. 完成抑郁症筛查量表测试。

测试1　自杀态度问卷测试

自杀态度问卷

指导语:本问卷旨在了解大家对自杀的态度,在下列每个问题的后面都标有1、2、3、4、5供您选择,数字1~5分别代表您对问题从完全赞同到完全不赞同的态度,请根据您的选择在相应的数字的方框中打"√"。

1. 自杀是一种疯狂的行为。　　　　　　　　　　　　　1□　2□　3□　4□　5□
2. 自杀死亡者应与自然死亡者享受同样的待遇。　　　　1□　2□　3□　4□　5□
3. 一般情况下,我不愿意和有过自杀行为的人深交。　　1□　2□　3□　4□　5□
4. 在整个自杀事件中,最痛苦的是自杀者的家属。　　　1□　2□　3□　4□　5□
5. 对于身患绝症又极度痛苦的病人,可由医务人员在法律的支持下帮助病人结束生命(主动安乐死)。　　　　　　　　　　　　　　　　　　　1□　2□　3□　4□　5□
6. 在处理自杀事件过程中,应该对其家属表示同情和关心并尽可能为他们提供帮助。
　　　　　　　　　　　　　　　　　　　　　　　　　1□　2□　3□　4□　5□
7. 自杀是对人生命尊严的践踏。　　　　　　　　　　　1□　2□　3□　4□　5□
8. 不应为自杀死亡者开追悼会。　　　　　　　　　　　1□　2□　3□　4□　5□
9. 如果我的朋友自杀未遂,我会比以前更关心他。　　　1□　2□　3□　4□　5□
10. 如果我的邻居家里有人自杀,我会逐渐疏远和他们的关系。　1□　2□　3□　4□　5□
11. 安乐死是对人生命尊严的践踏。　　　　　　　　　　1□　2□　3□　4□　5□
12. 自杀是对家庭和社会一种不负责任的行为。　　　　　1□　2□　3□　4□　5□
13. 人们不应该对自杀死亡者评头论足。　　　　　　　　1□　2□　3□　4□　5□
14. 我对那些反复自杀者很反感,因为他们常常将自杀作为一种控制别人的手段。
　　　　　　　　　　　　　　　　　　　　　　　　　1□　2□　3□　4□　5□
15. 对于自杀,自杀者的家属在不同程度上都应负有一定的责任。
　　　　　　　　　　　　　　　　　　　　　　　　　1□　2□　3□　4□　5□

16. 假如我自己身患绝症又处于极度痛苦之中,我希望医务人员能帮助我结束自己的生命。

1☐ 2☐ 3☐ 4☐ 5☐

17. 个体为某种伟大的、超过人生命价值的目的而自杀是值得赞许的。

1☐ 2☐ 3☐ 4☐ 5☐

18. 一般情况下,我不愿去看望自杀未遂者,即使是亲人或好朋友也不例外。

1☐ 2☐ 3☐ 4☐ 5☐

19. 自杀只是一种生命现象,无所谓道德上的好和坏。 1☐ 2☐ 3☐ 4☐ 5☐

20. 自杀未遂者不值得同情。 1☐ 2☐ 3☐ 4☐ 5☐

21. 对于身患绝症又极度痛苦的病人,可不再为其进行维持生命的治疗(被动安乐死)。

1☐ 2☐ 3☐ 4☐ 5☐

22. 自杀是对亲人、朋友的背叛。 1☐ 2☐ 3☐ 4☐ 5☐

23. 人有时为了尊严和荣誉而不得不自杀。 1☐ 2☐ 3☐ 4☐ 5☐

24. 在交友时,我不太介意对方是否有过自杀行为。 1☐ 2☐ 3☐ 4☐ 5☐

25. 对自杀未遂者应给予更多的关心与帮助。 1☐ 2☐ 3☐ 4☐ 5☐

26. 当生命已无欢乐可言时,自杀是可以理解的。 1☐ 2☐ 3☐ 4☐ 5☐

27. 假如我自己身患绝症又处于极度痛苦之中,我不愿再接受维持生命的治疗。

1☐ 2☐ 3☐ 4☐ 5☐

28. 一般情况下,我不会和家中有过自杀者的人结婚。 1☐ 2☐ 3☐ 4☐ 5☐

29. 人应该有选择自杀的权利。 1☐ 2☐ 3☐ 4☐ 5☐

【任务作业】

按照以下方法,根据全班同学测试结果,对"一个国家或地区的自杀率高低与其居民对自杀的态度具有密切的关系,有效的自杀预防项目必须以对公众自杀态度的深入了解为基础"展开讨论。

【量表维度】

自杀态度问卷共29个条目,都是关于自杀态度的陈述,分为如下4个维度。

对自杀行为性质的认识(F1):共9项,即问卷的第1、7、12、17、19、22、23、26、29项。

对自杀者的态度(F2):共10项,即问卷的第2、3、8、9、13、14、18、20、24、25项。

对自杀者家属的态度(F3):共5项,即问卷的第4、6、10、15、28项。

对安乐死的态度(F4):共5项,即问卷的第5、11、16、21、27项。

【计分与解释】

受试者在"完全赞同""赞同""中立""不赞同""完全不赞同"中做出一个选择。在分析时,1、3、7、8、10、11、12、14、15、18、20、22、28为反向计分,即回答"1""2""3""4"和"5"分别记5~1分。其余条目均为正向计分,回答"1""2""3""4"和"5"分别记1~5分。在此基础上,再计算每个维度的条目均分,最后分值在1~5分之间。在分析结果时,可以以2.5分和3.5分为两个分界值,将对自杀的态度划分为3种情况:≤2.5分表示对自杀持肯定、认可、理解和宽容的态度,>2.5<3.5表示对自杀持矛盾或中立态度,≥3.5分表示对自杀持反对、否定、排斥和歧视态度。本问卷的总分或总均分无特殊意义,各维度可单独使用。

测试 2 抑郁症筛查量表测试

抑郁症筛查量表

指导语：在过去的两周里，你生活中以下症状出现的频率有多少？根据真实感受，分别给每题提供的选项勾一下相应数字，把相应的数字加起来（相应数字代表相应分数）。

序号	问题	没有	有几天	一半以上时间	几乎每天
1	做事时提不起劲或没有兴趣。	0	1	2	3
2	感到心情低落、沮丧或绝望。	0	1	2	3
3	入睡困难、睡不安稳或睡眠过多。	0	1	2	3
4	感觉疲倦或没有活力。	0	1	2	3
5	食欲不振或吃太多。	0	1	2	3
6	觉得自己很糟，或觉得自己很失败，或让自己或家人失望。	0	1	2	3
7	对事物专注有困难，例如阅读报纸或看电视时不能集中注意力。	0	1	2	3
8	动作或说话速度缓慢到别人已经觉察，或正好相反，烦躁或坐立不安，动来动去的情况更胜于平常。	0	1	2	3
9	有不如死掉或用某种方式伤害自己的念头。	0	1	2	3

【任务作业】

学习使用抑郁症筛查量表，并了解自己的抑郁症状。另外需明白，此量表并非用于诊断抑郁症，而是作为抑郁症状的评估工具，结果仅供参考。最终诊断结果应以专业咨询机构或咨询师的诊断结果为准。

【得分解释】

0～4 分：可能没有抑郁症，注意自我保重。

5～9 分：可能有轻微抑郁症，建议咨询心理医生或心理医学工作者。

10～14 分：可能有中度抑郁症，最好咨询心理医生或心理医学工作者。

15～19 分：可能有中重度抑郁症，建议咨询心理医生或精神科医生。

20～27 分：可能有重度抑郁症，一定要看心理医生或精神科医生。

核心条目 1、条目 4、条目 9 的任何一题得分大于 1（即选择 2、3），被试者都需要关注。条目 1、条目 4 代表着抑郁的核心症状，条目 9 代表有自伤意念。

【任务拓展】

查阅国内外关于心理危机的文献资料，试归纳文献提出的措施。

任务四　心理训练

【任务要求】

知晓心理训练的目的,主动树立危机干预心理训练目标,熟练心理训练的活动要领和步骤,训练过程中全身心参与,认真体验,深刻总结讨论,在训练中获得真正成长,助人自助。

【任务实施】

完成训练1、训练2、训练3的任务内容。

训练1　判断自杀征兆

熟记以下20条内容,用来判断自己和他人是否存在严重心理危机。
(1)长期睡眠不好。
(2)长期兴趣丧失。
(3)长期心境恶劣。
(4)没有精神活力。
(5)经常醉酒、吸毒。
(6)经常发生交通事故。
(7)突然与人断交。
(8)安排自己后事。
(9)将珍贵的东西送人。
(10)购买农药或道具。
(11)到危险的地方去勘察,如高楼、悬崖、水边。
(12)扬言要自杀。
(13)精神出现恍惚,如出现幻觉。
(14)有自杀历史和家人有自杀家族史。
(15)长期愧疚和自责。
(16)对自杀持肯定态度。
(17)攻击性人格障碍。
(18)突然与好友告别。
(19)冲动和愤世嫉俗的表现。
(20)与之前相比,判若两人。

训练2　几句套话挽救生命

根据以下内容提示,熟记挽救生命的套话。

(1)你有权利选择自杀,你也有权利选择不自杀。(接纳对方,并让对方知晓,对自杀的行为负责)

(2)自杀是这个世界上大多数人都有过的想法。(不必因产生自杀意念而恐惧和自责,也不必稀奇)

(3)自杀是一个人遇到困难暂时还未找到合适的解决办法的一种想法。(自杀不是目的,而是克服困难的手段。因此,自杀并非唯一选择,还有其他更多途径可以选择)

(4)你遇到什么困难让你痛苦到必须选择自杀呢?这个困难具体是什么样子的?(有利于深入话题,转移注意力,也有利于发现具体的原因)

(5)生命的意义在于不断从磨难中站起来。(引导其正确认识生命的价值,消极回避并不能体现生命的意义,只有勇于和困难作斗争,从困境中成长和历练,才会感到活着的意义所在)

训练 3　蝴蝶拍

当我们处于压抑、焦虑、悲伤等不良情绪状态时,可以使用蝴蝶拍技术来放松自己的心情,缓释压力。下面请根据指导语来操作。

第一步,先找一个舒服的姿势坐好或平躺,双目睁开或微闭均可。

第二步,双臂交叉于胸前,右手在左侧,左手在右侧,左手在上或右手在上均可,轻抱自己对侧的上臂,也可交叉放于自己大腿上。

第三步,双手轮流轻拍,左右各拍1次为1轮,10轮为1组,以自己感觉舒服的速度为宜,边拍边告诉自己(发声或默念),"我是愉快的""我是有希望的""我充满安全感""我爱我自己和我所爱的人""我会越来越好",或者回忆曾经经历的愉快的、令人兴奋的事情。

第四步,拍完1组,稍作停顿,做3组深呼吸,然后体验自己的情绪,如果情绪良好,则继续开始第2组。在此过程中,如果情绪体验糟糕,则告诉自己"现在我只关注积极的情绪,糟糕的情绪体验以后再处理",继续拍打。

第五步,现在默默地问自己,感觉怎么样?带着这种感觉再做1组蝴蝶拍。

第六步,持续拍打。

【任务作业】

对训练1和训练2的的操作要领了然于心,查阅材料或向专业人士求教后对训练1和训练2的内容进行补充。

【任务拓展】

1.观看不少于3部关于珍惜生命的影片,写一篇观后感。

2.帮助别人是一种技术,也是一种艺术。请大家讨论,我们在帮助别人时还应注意什么细节。

参考文献

陈茜,2009.大学生网络道德失范行为的主要特征及其有效防范与教育对策研究[J].当代教育论坛(上半月刊)(4):42-44.

丁新华,申亚非.情绪"ABC"[J].心理世界,1999(5):43-44.

樊富珉,2015.结构式团体辅导与咨询应用实例[M].北京:高等教育出版社.

樊富珉,费俊峰,2020.大学生心理健康十六讲[M].2版.北京:高等教育出版社.

耿健,2002.谨防网络成瘾综合症[J].科学与文化(2):51.

何鹏,2011.重新学习成为人的艺术——弗吉尼亚·萨提亚及其主要理论的简介[J].大众心理学(9):47-48.

李萍,侯娟,张倩,等,2023.大学生心理健康教育[M].北京:清华大学出版社.

李一,2007.网络失范行为的形态表现、社会危害与治理措施[J].内蒙古社会科学(汉字版)(6):121-126.

连良,2007.网络道德失范现象研究[D].郑州:郑州大学.

刘慧瀛,刘亚楠,杜变,等,2014.大学生网络道德失范行为量表的初步编制[J].中国心理卫生杂志,28(8):608-612.

马斯洛,1987.动机与人格[M].许金声,等,译.北京:华夏出版社.

彭阳,2008.大学生网络行为与心理健康的关系[J].中国健康心理学杂志(8):875-877.

钱素华,闵卫国,2017.自我心理调适的几种方法[J].云岭先锋,(12):53-54.

钱素华,张光雄,闵卫国,2009.关注云南省乡镇领导干部的心理健康——对以云南省委党校新农村班为对象的领导干部心理压力的调查报告[J].云南行政学院学报,11(2):114-118.

任延涛,夏若涵,2017.民警遇袭中的心理调控与事后心理干预[J].武汉公安干部学院学报,31(1):42-46.

王宏伟,莫时顿,2011.大学生新生入学教育[M].2版.武汉:华中科技大学出版社.

叶琳琳,2013.大学生心理健康教育与心理素质训练[M].北京:北京师范大学出版社.

俞红蕾,2011.大学生网络道德失范行为问卷编制及应用[D].南京:南京师范大学.

张春彦,郑天雨,2010.美容消费心理学[M].北京:人民军医出版社.

张海燕,2015.团体心理教育训练实用手册[M].上海:格致出版社.

张秀梅,刘晨华,2008.地方高校国防生英语学习教学策略[J].辽宁行政学院学报(9):125-126.

赵小强,张艳,2011.情感体验论[M].宁夏:阳光出版社.

中国大百科全书总编辑委员会《心理学》编辑委员会,中国大百科全书出版社编辑部,

1991.中国大百科全书:心理学[M].北京:中国大百科全书出版社.

周京安,2008.大学生网络道德失范问题研究[D].北京:首都师范大学.

周全,2009.当代大学生自卑心理问题探析[J].科教文汇(上旬刊)(1):102-103.

周晓虹,等,1997.大学教育与管理心理学[M].南京:南京大学出版社.

朱智贤,1989.心理学大词典[M].北京:北京师范大学出版社.